現代活学講話選集6

先哲が説く指導者の条件

『水雲問答』『熊沢蕃山語録』に学ぶ

安岡正篤

PHP文庫

○本表紙図柄＝ロゼッタ・ストーン(大英博物館蔵)
○本表紙デザイン＋紋章＝上田晃郷

文庫版のまえがき

本書は、第一部『水雲問答《すいうんもんどう》を読む』と第二部『経世済民の真髄』の二部構成になっている。第一部の『水雲問答』は、幕末諸侯のうちでも傑出した名君の一人に挙げられた肥前平戸《ひぜんひらど》の藩主・松浦静山《まつらせいざん》が、多年にわたって読んだ名文や至言を選んで纏《まと》めた文献集『甲子夜話《かっしやわ》』の中に収録されている。

これは、上州安中《あんなか》の藩主・板倉勝尚《かつひさ》（綽山《しゃくざん》）とその師事した幕府大学頭《だいがくのかみ》・林述《じゅっ》斎《さい》（墨水漁翁《ぼくすいぎょおう》）との間で書簡を通しての、学問や政治についての問答集である。まさに中国史上最高の皇帝といわれた唐の太宗と重臣との政治問答集『貞観政要《じょうがんせいよう》』の日本版為政書ともいえる。

第一部の『水雲問答を読む』は、昭和四十二年以降三回にわたって近畿日本鉄道㈱で、また昭和五十二年にクラブ関東で開催された政教懇話会における父の講義を活字化したものである。

第二部の『経世済民の真髄』は、備前《びぜん》藩主・池田光政に登用され、藩政改革に優れた実績をあげた熊沢蕃山《くまざわばんざん》の語録『集義和書《しゅうぎわしょ》』を解説しながら指導者の心得を説いたものである。

これは、昭和三十九年に行われた全国師友協会主催の師道研修会、また昭和四十一年、四十二年に行われた同協会主催の先哲講座における父の講話から採られたもので、さらに遡れば、大正十三年に父が若くして刊行した『日本精神の研究』、また昭和七年に刊行した『東洋政治哲学』の中に収録されている。父が若い頃からいかに熊沢蕃山を敬慕していたかがわかる。

話は変わるが、最近「郷学《きょうがく》研修所とは、どのような目的をもった研修機関ですか」という質問をよく受ける。郷学研修所の意義について、

「郷学とは抽象的一般的主知的な学問ではなく、郷土・郷国（日本）の歴史・人物・文化に基づいて、現代世紀末文明の公害破滅からわが民族と国土とを救ふ為の学問である。

公害研究の専門大家の結論は、志ある人々の自覚と精進の結集に待つ外ないといふことである。

人間学の結論は、最高の教育を受けた人間も、その後の自己陶冶《とうや》を無くしては立派な人間になれない。各人の自己陶冶によってのみ大業も成し得る。郷研は砥石にかけて磨きをかけること。郷研は人間と国家を救ふのが使命。」と、父は著作『郷研清話』の中に思いを籠《こ》めた言葉で述べている。

これに関連して、中国・宋の時代の大儒・張横渠《ちょうおうきょ》の有名な名言がある。

天地のために心を立つ
生民のために命を立つ
往聖のために絶学を継ぐ
万世のために太平を開く

このうち「万世のために太平を開く」は、終戦の詔勅に使われたことで知られているが、とくにこの三箇条目にある「往聖のために絶学を継ぐ」は、郷学の根幹であるともいえよう。

「往聖の学問」とは、世に埋もれてしまった先哲の学問、絶えてしまった思想に光をあて、現代の息吹をふきこみ、活学として甦らせようとしたものである。

この『水雲問答』や『集義和書』についても、まさに現代人には忘れ去った絶学といえる。この貴重な先人の教学の書を紹介することによって、日本のリーダーに実践的人間学の教材にしてほしいという父の深い熱い願いを感じることができる。是非多くの心ある方々に味読していただきたいと思う。

平成十七年八月

（財）郷学研修所・安岡正篤記念館
理事長　安　岡　正　泰

先哲が説く指導者の条件

目次

文庫版のまえがき

第一部 『水雲問答』を読む

第一章 治と乱

第二章 権と人

第三章　人間の用い方

第四章　失敗と工夫

第二部 経世済民の真髄

第一章 道と法

第二章 日本精神

第一部

『水雲問答《すいうんもんどう》』を読む

第一章

治と乱

◈『甲子夜話《かっしやわ》』と松浦静山侯《まつらせいざん》

『水雲問答《すいうんもんどう》』はほとんど世に知られなかった、隠れた名文献の一つであり、よほど好古の学の趣味のある人でないと知られなかった。まったくかけねなしの名君・碩《せき》学《がく》の珍しい書簡のやり取りで、有名な松浦静山侯の『甲子夜話』の中に輯録《しゅうろく》されております。好古家、物好きな識者の間では大変珍重されておりましたのを、私が摘録して紹介することにします。特に政治家とか多くの人を使う重職にある人々には、最も興味の深い、また良い参考・教科書になるようなものであります。

肥前平戸《ひぜんひらど》の藩主・松浦静山侯（名は清。一七六〇～一八四四）は幕末名侯のうちでも比類稀《まれ》な英傑でありました。年少の際、英気溢《あふ》るるままに剣に耽《ふけ》り、酒を愛し色を好み、後にいたくその非を悔いて、節《せつ》を折って書を読み、文武両道に体達《たいたつ》し、卓然として流俗の上に出ておられた。その剣も決して大名芸ではなく、心形刀流《しんぎょうとうりゅう》皆伝の腕前で、ずいぶん覇気横溢《おういつ》のまま、思うまま存分に振る舞った人のようであります。元来天分の非常に優れた人であり、なお母上が非常な賢婦人であって、あるときしみじみ、この英邁《えいまい》ではあるが脱線しておる伜《せがれ》を訓戒し、それに感じて翻然として自ら改めたという美談が残っております。

静山侯の剣の腕前については有名な逸話があります。当時、幕府の旗本の若侍なんぞの中に、少し血の気の多い連中がいて、新身《あらみ》の刀の試《ため》し斬《ぎ》りという、いわゆる道楽の試し斬りで辻斬《つじぎ》りをやるという風が盛んになり、世の顰蹙《ひんしゅく》を買っておりました。ところがある晩、天狗《てんぐ》連中が物陰で待ち構えておると、杖をついた一人の老人がやってきた。あんな老人を斬ってもと思ったけれども、人影がないからやってみようと、物陰からスーッと出て、一刀の下に斬ったつもりが、逆に一喝され、剣を叩《たた》き落とされて、アッという間に打ちすえられて、命からがら退却した。そのことがいつとはなく評判になり、血の気の多い連中が我こそはと老人を待ち受けて斬り込んだが、皆やられてしまう。それで怖くなって、辻斬りに誰も出られなくなった。

ある日、静山侯がしばらく江戸詰めから国の平戸に帰ることになった。剣の名人ですから、旗本の剣道自慢の者がたくさん出入りしていて、大変なお別れの酒宴を開くということでその連中が招集された。そして、歓を尽くして帰りがけに、静山侯が言う。

「お別れに際し皆さんに引き出物をあげたい。次の部屋に用意してあるから、皆それぞれお持ち帰り願いたい」

旗本たちは帰りがけに何気なく次の部屋に入ってみると驚いた。自分が辻斬りに出て叩き落とされ、どうにも気にかかってならなかった新身の刀が、全部そこにあった。さてはあのときの老人は静山侯であったかと、もう皆すくんでしまった。気がついたら平蜘蛛《ひらぐも》のようになってお詫《わ》びし、そこで初めて懇々と諭された。彼らはもう穴があったら入りたい気持ち、ほうほうの体で引き揚げたが、それ以来、辻斬りがプッツリやんだと言います。

ともあれ、幕末には、信州松代《まつしろ》の藩主・真田幸貫《さなだゆきつら》侯、肥前平戸の藩主・松浦静山侯、それから白河楽翁《しらかわらくおう》という三名君がいて、その一人に挙げられた人であります。また、大変な読書人でありまして、自分が多年楽しんで読んだ書物の研究、その抜き書きを纏《まと》めて『甲子夜話』と題して後世に残しております。

徳川時代は、大名の中に非常に偉い人が少なからず出た。中央の幕府が頽廃《たいはい》しても、武士道・武門政治というものが崩れなかった。幕府の支配体制が三百年近く継続したのはそのためであり、地理的条件に恵まれたこともあるけれど世界史に珍しい例であります。その最大の原因は、田舎藩主・田舎侍というものがあって、そこから大変な名君や堅実な武士階級が養われ、さらに徳川時代を通じて、女子教育が非常に発達し、武士の母、武士の娘というものが、道徳の名、教養の名において立派に養われたことによる。儒教・仏教・国学の非常なる普及が支配体制継続の大きな理由・遠因になっておりまして、これがあって初めて明治維新が成功した。これがなければ、明治維新は、あのような世界の奇跡と言われるようなものにならなかったろう。これはもう異論がないところであります。

私は、侯の浩瀚《こうかん》な随筆『甲子夜話』を暇あるごとに閲覧して、ひそかに楽しんでいるのであるが、なかんずくその巻二十九に輯録されておる『水雲問答』は、愛読措《お》かざるものであります。これは、侯も年少傑出の資、勤学刻苦、不幸疾《やまい》を得て早世したと愛惜しておる上州安中《あんなか》の板倉伊予守勝尚《いよのかみかつひさ》侯（綽山《しゃくざん》と号す）と、その師事した幕府大学頭《だいがくのかみ》・林述斎《じゅつさい》との間に往復交換された治道心術に関する意見で、深潜の教養と卓抜な見識とが縦横に論じ出されて歎称《たんしょう》に堪えない。その白雲山人というのが綽山侯で、墨水漁翁《ぼくすいぎょおう》というのが述斎先生であります。

この林述斎（一七六八～一八四一）という人もまた傑出した格調の高い学者であった。もともとは美濃《みの》の岩村藩大名の次男として生まれた。幼少のころから学問ができて、老中・松平定信がこれに着眼して、後継ぎがなくて困っておった幕府学頭職の林家を継がせて、大学頭に任じたので、林姓を名乗りました。名は衡《たいら》と言い、号を述斎とした。『論語』「述而篇」の「述べて作らず」という言葉から引いている。多くの人間の知恵の堆積であることは受け継いで述べるが、自分一個の恣意《しい》に陥りやすい創作はしない、という意味がこめられております。

そして、この述斎の学友であり、美濃岩村藩の家老の子で、道の上で兄弟のようになったのが『言志四録《げんししろく》』を著した有名な佐藤一斎《さとういっさい》（一七七二～一八五九）であります。そこで、述斎先生が亡くなると、佐藤一斎がその後を継いで、幕府の大学頭になり、全国に多くの門弟子を養成した。幕末の学問に優れた志士で佐藤一斎の門を叩かなかった者はないくらいで、佐久間象山《さくましょうざん》（一八一一～一八六四）、山田方谷《やまだほうこく》（一八〇五～一八七七）などはこれ皆一斎の弟子でありました。

徳川幕府の確立以来、殿様といえば馬鹿《ばか》というように、嘲侮《ちょうぶ》の気が世に残っているが、どうしてなかなかそうではない。多くの家臣を擁し、幕府の監視を受けながら、その藩を維持していくさまざまな苦労が、ずいぶん殿様を練達の士たらしめた。また学問風流に凡《なみ》ならぬ造詣《ぞうけい》のあった人々も少なくありません。

余談になるけれども、明治の時期に識者が伝承して、言い伝えたおもしろい話の一つに、世に普及した三つの名言がある。一つは「馬鹿殿様」という言葉、もう一つは「糠味噌《ぬかみそ》女房」という言葉、そしてもう一つが「女房と畳は新しいが好《よ》い」というもので、明治時代、これらは名高い識者の逸話であったのですが、大正時代からその本当の意味が曲解されてしまいました。

「馬鹿殿様」というのは、実は非常な褒め言葉なんであります。大勢の家来の中には下らない奴《やつ》もおるだろうし、悪い奴もおる。しかも自分の上には目を光らせている意地の悪い幕府当局がある。その中で悠々と藩を維持していくというのは、なまじ小利巧な殿様ではとてもできたものじゃない。よほど馬鹿にならんと治めていくことはできない。『論語』にも、「その知及ぶべし、その愚及ぶべからざるなり」(「公冶長篇《こうやちょうへん》」)という名言がある。馬鹿殿様というのは、その「愚及ぶべからざるなり」という意味で、わかったようなわからんような、悠々として、すべてを包容して、事なく治めていくなんて、小利巧な人間、小才の人間ではとてもできる芸当ではない。「馬鹿殿様」というのは、その意味でもおもしろい、洒落た言葉であります。

「糠味噌女房」という言葉も世間は誤解しておる。鼻持ちならん所帯じみた古女房と解釈されているが、そうではありません。これは酒を飲まん人にはわからんが、どんな道楽者でも最後は気の利いた香の物で茶漬けを食べるというのが、これはもう徳川時代・明治時代、共通の男の楽しみであった。それで女房の中でも、最も気の利いた者は酒の後には気の利いた香の物を用意しておいてくれる。しかも、糠味噌は放っておいたらすぐだめになりますから、始終引《ひ》っ掻《か》き回して新鮮にしていなければうまい香の物はできません。女房の仕事の中で一番骨身にこたえるのが糠味噌です。それで女房の至れる者を「糠味噌女房」という。「馬鹿殿様」と好一対の褒め言葉です。

それからもう一つ、最もよく普及したのが

「女房と畳は新しいが好い」

という言葉である。女房と畳は新鮮なほどいい。夫婦というものは新婚当時は新鮮だけど、間もなく貧乏所帯で古びてしまって、その第一番が畳に表れる。畳の薄汚れた所に住んでみることほど気持ちの悪いものはない。そこで、常に畳を新鮮にしておく。裏返しをし、それでも汚くなったら取り替える。なるほど、畳だの寝巻だのというものは、いくらも金のかからんもので、新鮮にしたというだけで生活が非常に意義あるもの魅力あるものになるのである。とかく人間は不精になって、いかにも貧乏所帯じみてしまう。それと同じように女房の立ち居しぐさは新鮮であったほうがいい。何も女房を取り替えるという意味ではないので、常に新鮮に保つという意味です。「糠味噌女房」と「馬鹿殿様」と三つ揃《そろ》って、封建時代からの味のある諺《ことわざ》であったのだが、いつの間にか三つとも、完全に誤解されて、とんでもない意味に使われておる。いかに世間にはわからん者が多いか、気の利かん者が多いか、ということの一つの実例であります。そういうことが、この静山侯の『甲子夜話』を読んでおると、実に活き活きとよく指摘されておる。非常な名著であります。

◆墨水漁翁と白雲山人

閑話休題……『水雲問答』の主人公である墨水漁翁・林述斎先生に師事した白雲山人・板倉伊予守勝尚侯（綽山）もまたその襟懐や教養の洗練された人でありました。

東窓《とうそう》　涼月《りょうげつ》白し　倦鳥前林《けんちょうぜんりん》に赴く
洒落《しゃらく》　濂渓《れんけい》の意　従容明道《しょうようめいどう》の襟《きん》
功は論ず三代の業　詩は就《な》す六朝《りくちょう》の吟
断金《だんきん》の友に非《あら》ずんば　いかでか心事の深きを談《かた》らん

という詠懐《えいかい》を見てもその人品の高さが偲《しの》ばれます。

倦鳥とは飛ぶのに倦きた鳥のこと。洒落は洒々落々。濂渓は周《しゅう》濂渓（一〇一七～

一〇七三)、宋《そう》時代の湖南《こなん》省の人で名は敦頤《とんい》、字《あざな》は茂叔《もしゅく》。世に濂渓先生と呼ばれていた。日本で言えば江戸時代初期の儒学者・藤原惺窩《ふじわらせいか》のような人で、その弟子には程《てい》明道・伊川《いせん》の有名な兄弟や張横渠《ちょうおうきょ》といった儒学者がおります。張横渠はいわゆる宋学の開祖で、日本の終戦の詔勅に使われた「万世のために太平を開く」という名言を作った人であります。宋代初期の多くの人材を出したということで、または濂渓先生その人自身、非常に風格が高かった。濂渓とは故郷の谷の名前で、十二、三のころ、そこで魚釣りをやっている姿が子供と思えないような風格があった。明道は二程子の兄のほうで、濂渓先生に愛された弟子であります。洒々落々、屈託のないほがらかな濂渓の意にゆったりと従容する明道の心。功は三代(堯《ぎょう》・舜《しゅん》・禹《う》)の事業を論じ、六朝の詩を吟ずる。理想の社会とはこうあらねばならぬと悠然と語り合う。断金の友の「金」とは金銭ではなく本当の金鉄の金であります。

『易経《えききょう》』「繋辞伝《けいじでん》」に、

「二人心同じうすれば、その利(利《と》きこと、切れ味のいいこと)金を断ず(金でも切れる)」

とある。「断金の侶《りょ》」あるいは「断金の契り」「断金の友」という熟語があります。

そういう断金の友にあらずんば、いかでか心事の深きを談じ合えようか。

と詠むのであります。述斎先生また尋常一様の儒者ではない。身は美濃岩村城主・松平家に生まれ、英邁の気を抑えて読書明道に潜《ひそ》め、人材を招致して修養に力《つと》め、幕命に依《よ》って林家を継いでこれを中興した。松平定信をはじめ当時の賢侯に推重せられて、幕政の機務にも参与した経世の学者であり、一面、風流雅懐にも豊かな人であった。佐藤一斎は幼少より彼の学友で、終始兄事して切磋琢磨《せっさたくま》したのであります。

さて、白雲山人と墨水漁翁の両者の問答を読んで深く感ずることは、古人がいかに心術・識見を磨いたかということであります。

「識」には三つある。一つは「知識」で、これは一番つまらん。雑識と言いますけれど、今日で言うとディレッタントというもの、これはあまり値打ちがない。人間には単なる知識ではなく「見識」、価値判断が大事である。見識がなければ語るに足らん。ところが見識があっても、どうかすると、その人が臆病《おくびょう》である、あるいは狡猾《こうかつ》である、軽薄であるというと、その見識も何の役にも立たん。いかなる抵抗があっても、いかなる困難に臨んでも、確信するところ、徹見するところを敢然として断行し得るような実行力・度胸を伴った知識・見識を「胆識」という。見識があっても胆識がない人はたくさんいる。しかし人間は、胆識があって初めて本当の知識人である。これは東洋の知識学というものの根本問題であります。

述斎先生は経国の才もあり、胆識に富んだ人でした。二人とも非凡な人でありますが、両者の問答を読んで深く感ずることは、古人がいかに心術・識見、つまり「胆識」を磨いたかということである。現代の風習は論理と法令とに馳《は》せて、内省と修徳とに怠慢である。「治人あって、治法なし」(荀子《じゅんし》)という名言があるが、いまは「治法あって、治人なし」の感がある。法律はいくら作ってみたって、その通り行われるものではない。しかし結局、やはり治人に待たねば治法にならない。こういう時代に、このような名君・碩学の問答は、新たな活教訓を与えるものであると思います。

その中から、私は五十ばかりの問答を抽出してこれから解説していきます。

先にも触れたかも知れぬが、述斎先生は晩年に隅田川のほとりの別荘で優遊《ゆうゆう》自適いたしました。この人は大学頭、つまり大学総長になったときが二十九歳。亡くなられたのが天保《てんぽう》の末年で、享年七十四歳。そのあと佐藤一斎が受けたが、この人は長命で安政《あんせい》の最後の年、吉田松陰たちが犠牲になった年に八十八歳で亡くなっております。そして、述斎先生は隅田川のほとり柳橋辺りにおったところから墨水漁翁と号し、一方の惜しまれながら亡くなられた安中の殿様・板倉綽山は、上州三山を表現する白雲山人、と称して手紙のやりとりをしたのであります。

◈人君の治術

雲　治国の術は人心を服し候《そうろう》こと急務と存《ぞん》じ候。人心服さねば良法美意《びい》も行われ申さず。施《し》と寛に非《あら》ざれば人心服し申さぬなり。人心服し申候肝要の御論《ごろん》伺いたく候。英明の士、とかく人心服さぬ者と。いかがのことに候や伺いたく候。

＊

（雲）一国を治める術は、人心を悦服させることが喫緊の要務かと存じます。人々が心から悦服しませんと、どんなに良い法律をつくっても、どんなに美しい気持ちで人民に臨んでも、現実に立派な政治は行われません。為政者に、施（人々を納得させ満足させること）と寛（寛容・寛大な気持ち）がなければ、人心は悦服しないものです。そこで人民を心服させるにはどうすればよいのか、これについて肝腎要《かなめ》のツボを抑えた御意見を承りたいと存じます。どうも名君には人心が服さないといわれますが、この辺のところについて、ご意見を伺いたいと存じます。

人心を服させる、納得させる、これが治国の術と思います。国を治める手段・方法は「人心」、民の心を服し納得させる、心服させることと思います。「人心服さねば、良法美意も行われ申さず。施と寛」、この場合の施は施しという意味よりは施々と重ねまして形容詞になります。そうすると、満足する、喜ぶ、自得するというような意味になります。それと寛大、ゆるやかなところがなければ、民の心は服しません。「人心服し申候肝要の御論伺いたく候」、いかにすれば施と寛とで人心が服しますか、肝要の御論を伺いたい。そして、「英明の主、とかく人心服さぬ者と。いかがのことに候や伺いたく候」、どうも頭がいい、よくできておるというような英明の君主にはとかく民の心は服さないというのは、いかがのことなのか、この辺のところをご意見承りたい。

いい質問です。とかく世間の通例でも、頭のいい人はどうかすると人心が服しません。納得しません。心から感服しない。いまごろはどうか知りませんが、われわれの学生時代にもそうでした。とかく秀才というのは成績が良いのに、どうも評判が良くない。人心が服さん。だから、秀才はとかく影が薄いし寂しい。それどころか、気障《きざ》、生意気、薄っぺら、という尾ひれまで伴う。だから鈍物がいいとは言えんが、たしかに学校教育、学校の学問で、頭脳と同時に人品・真実・心ばえというものがあって、あらゆる意味で、人が服するというような秀才は少ない。問題はそこにあります。「英明の主、とかく人心服さぬ者と」と世間では言いますが、いかがなことに候や、と墨水漁翁に質問する。それに対して、墨水漁翁（述斎）先生なんと答えたか。

水　施に過ぐることは濫賞《らんしょう》の弊《へい》あり。寛に過ぐるときは又縦弛《しょうし》の弊これ有り候。是《こ》れ等を以て人心を得候は、最も末《すえ》なる者に候。我が徳義おのずから人を蒸化《じょうか》候処之れ有り候えば、人心は服し候者と存候。英明主に人の服し申さぬは、権略にかたより候より、人其《そ》の為《す》る所を詐欺《さぎ》かと思い候ゆえに候。蕩然《とうぜん》たる徳意内にみちて外に顕《あら》わるる時、あるもの誰《たれ》か服せずして有るべきや。施もすまじきには非ず。人君の吝《りん》なるは失徳に候。寛も捨つべからず。苛酷納瑣《かこくのうさ》の君は下《しも》堪え難きものに候。

＊

（水）施にすぎると、むやみに賞を濫発するという弊害があり、寛にすぎるときは、規律がゆるんで万事だらしなくなるという弊害があります。このように人民や部下に褒美を与えてご機嫌をとったり、失敗を大目にみて人心を得ようというのは、そもそも枝葉末節です。自らの徳と日頃の行《おこな》いが、いつとなしに人々を感化していくという行き方であれば、自ずからにして人々は心服するものであります。いわゆる名君に人々が心服しないのは、とかく権略——手段・方法（手練《てれん》・手管《てくだ》）にかたよるので、一杯はめられるのではないかと警戒して信用しません。蕩然として——スケールが大きくて屈託がない、身体の内部に何ともいえないあたたかい徳が充《み》ちてその人徳が外に現れるときには、心服しない者がありましょうか。それはそれとして、施もまた程度と方法とによっては結構ですが、為政者がけちなのは困ったことです。寛もよいが、それも度がすぎて、何事につけても重箱の隅をほじくるように細かいところまで立ち入ると下々《しもじも》にとっては堪えられないものであります。

「施に過ぐることは濫賞の弊あり」、とかく褒賞というものはでたらめになる。濫賞の弊がある。「寛に過ぐるとき」は、また弛《ゆる》んでだらしなくさせる弊害がある。自由気儘《きまま》に任しておくということで、人心を得れば、いい人だ、やかましく言わない、勝手にさせてくれるということで評判がいい。しかしそれは、「最も末なる者」のすることである。自分に備わっている徳義というものが自ずから人を「蒸化」する、人をいい気持ちにする、そういうふうに自然にできあがっていく。自分の徳義が自然に相手を化していく。そういうところがあれば「人心は服し候者と存候」と。「英明主に人の服し申さぬは、権略にかたより候より」、頭が良いものだから、いろいろ手段・方法、すなわち権略というものにどうしても偏る。そこで「人其の為る所を詐欺かと思い候ゆえに候」、一杯はめられる、うまく欺かれると思う。それだから人心は服さない。「蕩然たる徳意」、春風駘蕩《たいとう》とか蕩々、スケールが大きくて屈託がなくて、よくこなれている。日本ではいわゆるとろりとすると言う。「蕩然たる徳意内にみちて外に顕わるる時」、あるもの誰が服さないものがあるか。施も大いに必要だ。人君が吝だというのは失徳だ。「寛も捨つべからず」、寛大ということは大事だ。「苛酷納瑣」とは苛立《いらだ》つ、少し立ち入りすぎる、こせこせけちな主君に仕える下の者は堪え難きことである。さすがにポイントを押さえた答えでありますす。これは昔もいまも人間社会は同じことであります。

雲　徳義の弊は述情に陥り、英明の弊は叢脞《そうざ》に成り申候。人君は人を知り委任して、名実綜覈《そうかく》して督責《とくせき》して励ますより外、治世の治術は之《こ》れ有るまじく存候。

水　名実綜覈を知って委任するの論、誠に余蘊《ようん》なく覚え珍重に存候。

＊

（雲）徳義は結構なことですが、その弊害は、とかく情に流れてだらしなくなることです。これに対して、英明（頭が良いということ）の弊害は、叢脞《そうざ》（肉の細片、煩瑣《はんさ》なこと）、こまごまと立ち入り、こうるさいということです。そこで人の上に立つ者は、よく人を識り、その人物に任せる。そして表面と内実をよく吟味し、事の本末をすべて明らかにして督励するよりほか、世の中を治める政術はあるまいと思います。

（水）おっしゃる通り、名実綜覈《そうかく》を知り、よく人物を鑑識してこれを任用するというご意見、至れり尽くせりで、まことに結構であります。

徳義はたしかに良いことだけれど、その弊害は「述情」、すなわち情に流されだらしなくなるということである。これに対して頭がいいという英明の弊害は、くだくだ立ち入る、細かい、小うるさいということになる。どちらも弊害を免れない。人君は人を知り任せて、「名実綜覈」して、つまり表現と内実とを詳しく明らかにして、「督責して励ますより外、治世の治術は之れ有るまじく存候」と白雲山人は感想を述べるのであります。それに対して、墨水漁翁がまことに大賛成であると褒める。実際、「徳義」というと、つい情に流されだらしがなくなるものです。頭がいいと、お互いに突っ込んでくだくだしくなる。昔もいまも変わらんところであります。

◆国家の禍の根源

雲　凡《およ》そ国家の政をするに、公儀と申すことを立て申したし。これは国家の禍《わざわい》は、とかく人君の私欲より起り、或は大臣の私意より起り、群下の朋党《ほうとう》より起り申候。其基《そのもとい》は社稷《しゃしょく》を忘れ私に曳《ひ》かれ申候故に候。故に小子《しょうし》の工夫にて是《これ》を救う術は公儀を立て申すべくと存候。公儀とは、人君は社稷の為に発せざる言行は臣下聴用せず。又臣下も社稷の為を忘れて希旨《きし》の言は必ず貶斥《へんせき》すべし。此《かく》の若《ごと》くして君臣相和は、朝廷に一箇《こ》の公儀あるのみにて、国政安静に参り申すべきやに存候。君は社稷に臣下と共に仕え、臣下は君に仕えて社稷に背《そむ》かざるを以て忠とせば、国家治まらざることは無しと存候。

*

（雲）だいたい、国家の政治を執り行うについては、公儀ということを立てたいと存じます。国家の禍は、とかく君主の自分勝手な私欲から起こり、あるいは大臣たちの私心から起こり、また多くの下僚たちが私党・派閥を組むことから起こるものであります。その根本原因は、公の国家を忘れて私に惹かれるからでありますす。そこで私はいろいろと考えをめぐらし、この禍を救うための方策として、公儀を立てることを提唱いたします。公儀とは私に対する公、部分に対する全体の立場です。君主は国家社会（社稷）のための存在であるから、日頃の言行はすべて公の立場から発する言行でなければなりませんし、私意・私情の言行は臣下が聞き入れません。また臣下も、国家のためということを忘れて、主君に迎合するような言は必ず退けられねばなりません。このようにして、君主と臣下とはぴったり和合すべきものであり、政府にはただ公儀があるばかりであって初めて国家の政治は安静が保たれると申すべきかと存じます。君主は臣下とともに国家に仕え、臣下は君主に仕えて国家に違背しないことを以て忠義と心得るならば、国家が治まらないことはないと存じます。

「公儀」、つまり私に対する公である。部分に対する全体である。公儀と申すことを立て申したい。国家の禍は、とかく人君の私欲より起こり、あるいは大臣の私意より起こり、たくさんの下の者が徒党を組んで、何派何派というようなところから起こる。その原因は社稷を忘れたところにある。「社稷」という言葉は、まことにいい言葉であります。国家ということにも通ずる。「社」というのは土地の神様。「稷」というのは穀物・食物、五穀の神様。土地の神と食物の神、つまり土地の支配者と食料の支配者、これが社と稷――それを合わせて国家・社会を社稷と言うおもしろい文字です。

　よくできた言葉で、日本で申せば、伊勢《いせ》の内宮《ないくう》は社。外宮《げくう》が稷。一般には余事であるけれども、伊勢は普通のように神宮《じんぐう》と言いません。本当は神宮《じんくう》と読みます。内《ない》宮《くう》・外宮《げくう》というのが本当の読み方・言葉です。そして内宮はもちろん社のほうで、国家国土の神、天照大神《あまてらすおおみかみ》を祀《まつ》り、外宮のほうは稷、豊受《とようけ》大神を祀ってあって、伊勢神宮はまさに社稷というものを代表しておられるわけです。

「社会」という言葉も、たいていの人は英語のソサエティーを翻訳したものと思っておるが、そうではなく、日本に昔からある言葉で、古代人は一つの実生活、自治体ができますと、まず第一にその土地の神様を祀って社《しゃ》とした。その社に集まって、あるいは社に代表される地域の人々が会合していろいろ相談をする、これを社会と言っていた。別に英語の翻訳としてできた言葉ではなく、古くから日本にあった。社会の元は社稷で、その社稷は伊勢の内宮・外宮に象徴されておる。こういうことを、それからそれへと考えるとこれは一つの学問の冥利《みようり》であります。

それはそれとして、「其基は社稷を忘れ私に曳かれ申候故に候」、その根本は国家というもの、全体社会というものを忘れて、皆私事に曳かれるから禍が起こる。故に私は工夫して、これを救う術《すべ》として公儀を立てるべきだと思う。私というものに対する公、公儀というものを立てることがまず第一である。公儀とは、人君というものは、まずもって社稷、その国家社会のための存在であるから、その言行は社稷のため、国家社会という意味からでなければならない。プライベートな一私《わたくし》より発する言行というものは、これは人君のなすことではありません。

「人君は社稷の為に発せざる言行は臣下聴用せず」、政府なら政府の大臣、会社なら会社の社長・重役、学校ならば校長・教頭というような代表者は代表するものが主眼で、代表者としての言行をしなければならん。プライベート、私事ではない。公儀は私事とは別のものでありますから、公儀を立てなければならんが、「又臣下も社稷の為を忘れて希旨の言は必ず貶斥すべし」、希は願うという字である。旨とは、むね、意義、もともとはデリケートという文字である。デリケートなものは人が欲するから、これは願うという意味になり、「希旨」はこうしてもらいたい、こうありたいということで、その言は必ず貶斥すべし。社稷を忘れて一身の利益・希望というものになる。これは退けなければならない。「此の若くして君臣相和は、朝廷に一箇の公儀あるのみにて」、朝廷というものになれば私を入れない。公がいかにあるべきか、これが公儀あるのみにてで、それで初めて国政は安静になるという。これは国政ばかりではない。学校でも会社でも同じことです。学校全体・会社全体の仕事がどうなければならんか、というのが公儀である。そして、「君は社稷に臣下と共に仕え、臣下は君に仕えて社稷に背かざるを以て忠とせば、国家治まらざることは無しと存候」であります。

これに対する述斎先生の答書であります。

水　公儀の論一々ご尤《もっと》もに候。然《しか》れども、その公とする所、亦《また》大小軽重《けいちょう》の弁之れ有り。人品《じんぴん》の高下《こうげ》にて公にも高下之れ有り。近世とても公なきには之れ無く、其《その》公皆小にして大処《たいしょ》に至り候と私に成り申候。つまりの所、人才蕞爾《さいじ》の至りにては何もかも参らぬこと。大才の者列立《れつりつ》して公儀を朝廷に張り候わば、千年と雖《いえど》も一《いち》太平の化《か》を透徹《とうてつ》申すべくと存候。どうぞ公私の分をわけ候て考え候程《ほど》の人をほしく候。それさえ之れ無く候えば、中々に公儀の論など行わるべくも存ぜられず。そのくせに心中は皆公儀と心得居り申候人ばかりに候。

＊

（水）公儀についてのご議論、いちいちご尤もであります。しかしながら、いまのエリートたちを観察いたしますと、その公とするところにまた大小・軽重の別がございます。人物・品格の高い人と低い人では、その考えている公の段階が違うのです。近世においても公がないわけではないのですが、その公とするところが、いざ自分のこととなると、みな器量が小さくて、問題が大きくなりますと、いつのまにか公が私に変化してしまうのです。それというのも、究極のところ人物の器量が小さくてけちであっては、何事もうまく行きません。器量の宏大な人物（大才の者）が政府に並び立って、わが国がいかにあるべきかを闡明《せんめい》すれば、千年にわたる太平の時といえども貫きとおすことができると存じます。せめて公私の別をはっきり分けて考えるほどの人材がほしいものです。公私の別さえわきまえることができないようでは、とても天下国家に関する政論など行われるものではありません。しかし、そういうお歴々に限って、心の中では皆自分のなすところは公儀であると考えている人ばかりなのであります。

公儀の論はいちいちごもっともであるが、弁別、分かちがあります。「人品」、つまり人間・人物・品格の高下によって、公にも高下が出てくる。やっぱり人品の高い人の考える公と低い者の考える公とではだいぶ段階が違う。「近世とても公なきには之れ無く、其公皆小にして大処に至り候と私に成り申候」、これなかなか妙味があると思う。公というものは、誰もが考えておることだけれど、さて自分のことになると、その公がみな小さくなってしまって、大処にいたりだんだん突き詰めていくと、みな私になってしまう。会社の重役、政府の大臣、それぞれ皆公職であるけれど、さて大きな問題になってくると、それが私になってしまう。つまりのところ、人間の人格その他の能力を含めた広い意味の才能、人材と言ってもいいし、人物と言ってもいい。「蕞爾」とは一つまみ、ちょっとした吝《けら》な、小さいという意味。要するにその人物が吝であるというのでは、「何もかも参らぬ」、人物ができておらんと、何をさせてもうまくいかん、いわんや政治においてをやであるのであります。

「大才の者」とは、一身一家の吝なことを考えている者でなく、もっと眼光大にして、大処高処に立てる者のこと。そういう大才の者が列立して初めて、公がいかにあるべきか、内閣とはどうあるべきか、事業とはどうあるべきか、政治とはどうあるべきか、国家とは如何《いか》にあるべきかと、「朝廷に張り候わば、千年と雖も一太平の化を透徹申すべくと存候」、千年にわたる一つの太平の時代を透徹することができると思います、と言う。どうぞ公私の分をわけて、何が公であり、何が私であるかと、考えてくれるほどの人を政治家には欲しい、支配者には欲しい。

「それさえ之れ無く候えば、中々に公儀の論など行わるべくも存ぜられず」ということである。人材さえないと、議論してもだめで、なかなかどうして公儀の論などできるわけがない。そのくせ、「心中は皆公儀と心得居り申候人ばかりに候」、皆自分のことばかり考えておりながら、その職、その地位にある人は、それが公儀と心得ておる。自分は大臣をしておる、自分は大将である、大臣・大将であるから国家のことを考えておるとそのつもりになっているが、実は突っ込んでみると自分のことを考えておる。自分が成功するか、失敗しないかということを、意識的・無意識的に考えているくせに、本人たちは公儀と心得ておる。実はそれこそが私事なんだと辛辣《しんらつ》に皮肉っている。ずばり言うておる。なかなかおもしろいのであります。

◆才は徳に及ばず

雲　世の中を達観仕《つかまつり》候に、一種の公平温厚底《てい》の人、才もなく術もなく、しかも高位に居して人心服し、天下安寧《あんねい》に化すること有るやに存候。公平の徳大なるが故にいたす所に之れ有るや。公平の二字は、宰相の人、なくて叶《かな》わざることに候。公平温厚の二条はずれて、高位に居て終《おわり》を全くするものなきやに存じ候。是《ここ》を以て見れば才は徳に及ばぬことと存候。

＊

（雲）大所高所から世の中を観察いたしますと、公平で温厚な人物は、さして才覚もなく、人を指導し世の中を治めるはかりごと（術策）もないのに、高い地位にあって、人民が文句も言わずに服従し、天下が安泰に治まっていることがあるように思われます。それは公平の徳が大きいから、その人徳ゆえに問題も起こらないでうまく治まっているのでしょうか。そもそも公平の二字は、宰相として欠くことのできない資質であります。公平と温厚の二条が欠けているにもかかわらず、高い地位に居て終りを全うする人はないように思われます。そういう見地からすれば、結局のところ、才は徳に及ばぬものと思われます。

「一種の公平温厚底の人」の「底」という字は「の」という意味であり、日本人の読みぐせで一種の形容詞に準じて読んでいるもので、「公平温厚の人」という意味でいい。世の中を達観いたしますと、一種の公平温厚の人であるが、「才もなく術もなく、しかも高位に居して人心服し、天下安寧に化すること有るやに存候」とはなかなか辛辣《しんらつ》である。たしかに公平温厚の人だが、平々凡々としていて、しかもそれが高位におると人も心服し天下も治まっておるように思う。「公平の徳大なるが故にいたす所に之れ有るや」、人物としては別段、政治的手腕とか力量とかあるんじゃないが、その公平温厚の徳というものは、非常に大きなものであるのでしょうな。したがって、いやしくも宰相たる人物には「公平」の二字がなくてはなりません。「公平温厚の二条はずれて、高位に居て終を全くするものなきやに存じ候。是を以て見れば才は徳に及ばぬことと存候」と言う。人には才と徳があるが、こうなってみると、やっぱり才は徳に及ばん。徳が大事で才は次だという。才徳というものは、人物を見る基準には相違ないが、分けて言えばやっぱり徳が上で才が下であると思いますが、と問うているのであります。

水　上《かみ》に在りて寛ならざるは賢にも見え、上位の人の心得尤もに候。既《すで》に実の寛厚と申す徳には之れ無く、才智不足にして寛厚に類する人さえ全く候。まして才智全備に候て寛厚の徳あらば、其《その》全き、論を待たずして明《あきらか》に候。今の人才は寛厚の量なく、苛刻《かこく》に落ち、寛厚に見え候は皆愚昧《ぐまい》に候。此所《このところ》を備え候人出《い》で候わば当るもの之れ有るまじくと存候。

＊

（水）上位にあって寛大ではない、つまり何事につけても批判がましく干渉がましいと賢そうに見えるので、そんなふうに思い込んでいる上位の人がいることは尤もなことです。そうかと思うと、本当の寛厚の徳ではなくて、才智があまりないために茫洋として寛厚らしく見える人物もあります。まして才智がすべて備わっていて、その上に寛厚の徳があれば、それは申し分ないことであります。しかしながら、今日の才子はとかく寛厚の度量がなく、きびしく残酷（苛刻）であります。一見、寛厚に見えるのは、実は愚昧――愚かで道理に昧《くら》いのです。この才智と寛厚の徳をすべて具備した人物が輩出すれば、それは申し分ない。まさに天下無敵でありましょう。

述斎先生はこう答えております。上位にあって寛大じゃない、ことごとに批判し干渉する者はいかにも賢く見える。そんなことがわからんかという。そこでとかく上位に立つと、寛ならず非常に厳しくなりがちである。これは上位の人の心得としてはもっともである。「既に実の寛厚と申す徳には之れ無く、才智不足にして寛厚に類する人さえ全く候」、才智不足のために寛厚に見えるけれど、見るところも見落とし、仕事もできないのがかえって寛厚に見える人もある。まして「才智全備に候て」、充分才もあり智もあってなお寛厚の徳があったならば、完全であることは論を待たずして明らかです。

「今の人才は寛厚の量なく、苛刻に落ち」、いまの人才というものは、寛厚の量がなくて、とかく立ち入る、苛刻に落ちる。一方、「寛厚に見え候は皆愚昧に候」、寛厚に見えるのは皆馬鹿である。「此所を備え候人出で候わば当るもの之れ有るまじくと存候」、つまり上にあって才智全備、そして寛厚であるという人が出れば、これはもう当たるものはない。天下無敵であるというのであります。

*

雲　凡《およ》そ国家の敗は私より起り申候。一体の志社稷《しゃしょく》にあれば、私ありと云《い》うとも亡《ほろ》びず。漢武《かんぶ》これなり。一体の志私にあり、飾るに社稷を以てすれば敗《やぶ》る。唐明皇《とうのめいこう》これなり。私意を去る法いかが心得申すべきや、伺いたく之れ有り候。

水　去私《きょし》の術、勉学の外《ほか》之れ無し。

（雲）およそ国家の敗亡ということは、為政者の私心から起こるものであります。

為政者の理想（志）が国家のためというところにあれば、たとえ少々の私心・私欲があったとしても、国家が敗亡するまでにはいたらぬものであります。その好い例は漢の武帝であります。ところが、もともと自分の志すところが私心・私欲であるにもかかわらず、いかにも国を憂えているような外面を装っていては、終には国を亡ぼすにいたるものであります。唐の玄宗《げんそう》皇帝はその好例です。いったい、この私心・私欲を取り去るには、どのように心懸ければよいのでしょうか。お伺い申します。

（水）私心・私欲を去る方法は、突きつめたところ、勉学のほかありません。

「私意を去る法」である。「一体の志社稷にあれば、私ありと云うとも亡びず。漢武これなり」、漢の武帝がこれです。漢の武帝はなかなか我の強い人であったけれど、とにかくこれは親の代、または非常な優れた前代から譲り受けてきた名臣というものがあった。これが後にも出てまいりますが、名宰相・霍光《かくこう》である。次に「一体の志私にあり、飾るに社稷を以てすれば敗る」、つまり自分は非常に私意があるのに、それを社稷、天下国家ということで粉飾する。口に天下国家を言うが実は私である。これは失敗をする。その例は、唐の明皇、玄宗皇帝のことであります。

これはちょっと唐の第六代皇帝・玄宗には気の毒でありますが、玄宗皇帝は前半生は非常に良い君主であったが後半生がだめになった。しかも在位が長すぎた。日本の大変な変革の時期であった明治、その明治天皇もまた非常に長く在位したが、ずいぶんな激務をみごとに綽々たる余裕をもって行使になられた。こういう皇帝は非常に珍しいので、たいてい有能な傑出した皇帝というものは前半が良くて後半が悪くなるものです。

要するに疲れが出る。玄宗皇帝などは前半はたしかに優れた人でありました。後半には、それがだんだん崩れて、例の楊貴妃《ようきひ》に溺《おぼ》れて政治をかえりみず、有名な安《あん》禄山《ろくざん》の乱などを招き、振るわなくなった。本音は私にあるのだが、たまたまそれを天下国家のために社稷をもってしたにすぎないので、結局それでボロが出た。要するに為政者は私意を去ることが根本なんだが、その「私意を去る法いかが心得申すべきや」、私意を去る方法とは、どうすればよろしいか、その心得をお伺いしたい。

これに対する述斎先生の答えは極めて簡単であります。「去私の術、勉学の外之れ無し」、私を去るの術は、これはもう勉強をする、学問を学ぶ、勉学のほかありません。もう少しなんとか言ってもらいたいけれど、この手紙は極めて簡単に終わっております。

第二章

権と人

◆棄物なし

雲　此間《このあいだ》仰《おおせ》下され候無用之用の儀、成程《なるほど》荘周の名言に候。事に物に心掛け工夫を仕《つかまつり》候。近来考え申候に、天下の事、有用無用とも相持《あいもち》にて尽《ことごと》く棄つべからず。所謂《いわゆる》棄物棄才なき道理に候。風月詩酒の類も、工夫に付けて多益を得申候こと夥《おびただ》しきやに存候。鯨を刺すに利刀《りとう》は彼の動くに従ってぬけ、鉛刀《えんとう》は動くに従って深く入ると承《うけたまわ》り及び申候て、始めて感悟《かんご》仕候。大事を做《な》す者は有ると有らぬ者を引込、宜《よろしき》に従って取出し使い申候ことと存候。如何《いかん》如何。

＊

（雲）先日ご教示いただきました通り、世の中には、いわゆる有益なものばかりでなく、無用の用というものがあるという、これはいかにも『荘子《そうじ》』の名言でありま す。私は平生、事に応じ物に触れては、この〝無用の用〟ということについて、いろいろ工夫をしておりますが、よく考えてみますと、天下の事は元来、役に立つことも無用な物も、それぞれ持ちつ持たれつの関係にあるものでありまして、どんなものでも一概に棄て去ることはできません。いわゆる棄物棄才――棄てる物、棄てる人材はないものであります。例えば詩酒風月、そうした季節の景物を賞《め》でて、酒を酌み交し詩を詠《よ》むというような風流韻事のようなものでも、当人の工夫次第では大いに有益なことがいくらでもございます。例えば鯨を仕留めるときには、鋭利な刀は鯨が暴れまわるに従って抜けてしまうが、鉛刀（なまくら）は鯨が動けば動くほど鯨の体内に喰《く》い入るものだと聞き及びます。成程と感心し、合点するところがありました。この世に大事業を成就しようとする者にとっては、ありとあらゆる物事をすべて自分の中に取り入れておき、それを適宜適所に取り出して役立てるべきかと思います。先生のご意見は如何《いかが》でしょう。

板倉綽山《しゃくざん》侯が言うておる。述斎先生にこの間うかがいました「無用之用の儀、成程荘周の名言に候」、用にもいろいろあるが、有用の用ばかりでなく、無用の用というものがある。これは老荘思想家などの喜んで論ずるところであります。荘周すなわち荘子（名は周）の名言であります。いろいろの物事について何事によらず心掛けて、工夫しておりますが、「近来考え申候に、天下の事、有用無用とも相持にて尽く棄つべからず」、どんなものでも棄つべきものはない。棄てる物、あるいは棄てる人材というものはないとはまさに道理です。

こういう考え方からいけば、風月も、それを題材にして詩を賦《ふ》し酒を愛するというような類も、往々にしてこういうことは、世を離れた閑人のやることと考える人もあるが、そうじゃない。工夫のしようによっては、たくさんの益を得られる。しかもちょっとやそっとではない「夥しきやに存候」とあります。「鯨を刺すに利刀は彼の動くに従って」ぬける。あまり利《と》ぎすましてある刀を使うと、鯨が動くと滑って抜けてしまう。ところが、「鉛刀（鈍刀）は動くに従って深く入る」から鯨を仕留めるに、利刀よりも鉛刀のほうがいい、とも聞いて、初めて感悟することができました。大事をなす者はありとあらゆるものを引き込み、時宜に従って取り出し、そして使いこなすということですね。「如何如何」。いかにも練れた名君らしい手紙であります。

こういう実例はたくさんある。例えば、戦前に各府県の知事とか大市長などに広く読まれました『木工《もく》政談』（『日暮硯《ひぐらしすずり》』）という本があります。大変おもしろい改革談で、信州上田十万石の真田《さなだ》藩が型のごとく非常な財政窮迫に陥って、それとともに一藩の士風も頽廃《たいはい》堕落して手のつけようがなくなった。そのときに新しく藩主となった真田幸貫《さなだゆきつら》という殿様は、若いけれども大変な名君であって、思い切って藩政の改革を決心し、それには「まず全権を委《まか》すような人物が要る」と、名君だけあっていいところへ目をつけた。だいたい非常時に非常のことを行おうとするとき、大勢の者が集まって会議をしてもめったに成功しない。皆勝手なことを言って、顔を見合わせては責任逃れをしようとするから、〝小田原評定〟になるばかりで成功したためしがありません。

非常のことを行うには必ず原則があって、自分が全幅の信頼をおいて、任せるに足る人物を挙げて、これに全権を任せる。また、その任された人は、それぞれの分野の問題について、米ならば米、法律ならば法律、交易・商売なら交易・商売にまた全幅の信頼をおける人材を挙げてそれを使う。つまり、全権を任す信頼のできる人間の細胞組織を作らないと、成功しない。そこで真田幸貫侯は家老の中の一番年若で、いままであまり目につかなかった恩田木工《おんだたくみ》という人物を思い切って抜擢《ばってき》し、これに全権を任せたのであります。そうしたところ、この人が改革の衝に当たって、数年にして一藩の財政・気風すべてをみごとに刷新して大成功したという有名な例があります。そしてその人の改革・革新の事績を書いたものが『木工政談』であり、別名を『日暮硯』と言う。その中にも、棄てるものがないという話があります。

恩田木工が藩政の整理、経済の振興、一藩の士風の緊縮、それこそ〝黒い霧〟の一掃をやったときに、その過程で槍玉《やりだま》に挙がった人物がおる。なかなかの曲者ではあるが、使える人間でもあった。当時は、自藩の財政と江戸の藩邸の財政とが半々というのが通例であったが、対幕費用という名目で江戸の藩邸のほうがどうしても派手であった。幕府やその他の諸藩との付き合いもあるし、機密費も多くなる。その藩邸詰めで、しこたま悪いことをしておった者が当然槍玉に挙がった。その中に二人ばかり非常に手練《てだれ》の曲者がおった。その連中は観念して当然馘《くび》になるものと覚悟しておったところ、ある日、家老・恩田木工から召喚された。いよいよ来たなと思った、案に相違して、

「おまえたちはなかなか見どころがある人間であるから過去は一切問わん。すべてさし許す」

と申しつけられてびっくり仰天。これはどんな風の吹き回しかと思ったところへ、

「しかしながら、おまえたちはここで心を入れ換えて、ひとつ思い切って今度の藩政の改革に協力をしなければならん。それができないならば、断固たる処置をする、どうだ」

ともう一喝。二人はもう平伏して、いかなるご用でも必ず命に代えてお勤め申し

上げますと誓った。

「それでは、新しい任務を仰せ付ける。おまえたちはいままで自分でやってきたことだから、よくわかっておろうが、江戸の藩邸の内政を改革するには、事情に通ぜん者ではできない。蛇の道は蛇で、おまえたちにはどうすればいいかよくわかるはずだ」

「それはもう万事よくわかります」

「ならば、その藩邸の内情をよく吟味して、どうすれば江戸の藩邸が粛正できるか、それをとくと責任をもって上申せよ」

　と命じ、彼らの命を助けた。非常に感激した二人は、もう本気になって田舎の国元ではわからないあらゆる機微をことごとく調べ上げ、復命をした。それによって、まず藩邸の経費を激減することができたと書いてある。つまり、毒を薬に使ったわけです。そういう大見識・大手腕があれば、当然誠にしなければならん者でも、使い用がある。これは原則・定則にはなりませんが、そういうものでありま す。

　さて、板倉綽山侯の練れた名君らしい手紙に述斎先生、すなわち墨水漁翁《ぼくすいぎょおう》曰く。

水　此の大手段なきときは大経綸《だいけいりん》は成りがたかるべくと存候。牛溲《ぎゅうしゅう》・馬勃《ばぼつ》・敗《はい》鼓《こ》の皮までも貯《たくわ》えたるが良医に候。鶏鳴狗吠《けいめいこうはい》の客・門下にあれば、其の用を成《なし》候時必ず有レ之《これあり》候。然《しか》れどもあるとあらぬ者を引込《ひきこみ》候にも少しく弁別なきときは人に誤らるるの患《うれい》その所より発し申候と存候。

＊

（水）　そのように思いきった大手段がなければ、治国救民の大事業を成し遂げることは困難でありましょう。唐宋《とうそう》八大家の一人、韓退之《かんたいし》は、牛の小便・馬の糞《ふん》・敗《やぶ》れ太鼓の皮に至るまで、何でも薬の材料として貯えておくのが良医であると述べております。『史記《しき》』に出ている孟嘗君《もうしょうくん》の話のように、鶏鳴狗吠の徒――鶏の鳴き声の巧みな者や犬の吠《ほ》える声をうまく真似《まね》るような食客（居候）が手下におれば、そうした大事業をなすときには必ず役に立つでしょう。しかしながら、そういう手合いを手当たり次第に手下に集めても、彼らを見分けて適材適所に使いこなす目利《めき》きと手腕がないときは、かえってそんな連中にしてやられて失敗する懼《おそ》れがあるものです。戒心を要することであります。

こせこせしたちっぽけな経綸、政治ならとにかく、こういう治国済民の方策のような大がかりな政治問題となると、型にはまったことではできない。自由自在な大手段が必要であると思う。「牛溲・馬勃・敗鼓の皮までも貯えたるが良医に候」、これは、名高い唐宋八人家の一人、韓退之の『進学解』の中にある名言でありまして、「牛溲」というのは牛の小便、「馬勃」は馬糞、一説には茸《きのこ》の一種の名とも言う。しかし馬の糞のほうが面白い。「敗鼓の皮」は破れ太鼓の皮、こういうものまですべて薬に活用するのが名医だという。『進学解』では、

「牛溲・馬勃・敗鼓の皮、倶《とも》に収め並び蓄《たくわ》え、用を待ちて遺《のこ》すこと無き者は、医師の良なり」

と述べられている、名高い言葉であります。

「鶏鳴狗吠の客・門下にあれば」、鶏の鳴き声や犬の吠えるのを上手に真似たりするようなつまらない者でも、居候においてあれば、どんな役に立たんとも限らない。其の用をなすときが必ずあります。これは『史記』にある、孟嘗君が亡命するときの話です。朝の暗いうちに城を抜け出そうというとき、城門が閉まっておる。どうして通るか、困った末に、その食客の中の鶏の朝鳴きのうまい奴《やつ》に試みに鳴かせてみたら、門番がもう世が明けたかと思って目をこすりこすり門を開けた。それでさっさとうまく逃げたという話がある。そういう者が門下にあると、その用をな

すときが必ずあります。

しかしながら、「あるとあらぬ者を引込」、使うには、「少しく弁別なきときは人に誤らるる」、ちゃんと見分け、あるいは使い分ける能力がないと、逆にこういう与太者のためにしてやられる。その見識が必要であります。

いかにも行き届いた答え、標語であります。これはよほど目の利く腹のできた人でないとできないことだが、こういうふうにやれば、なるほどなんでも役に立つでありましょう。楠公《なんこう》が泣き男まで使ったというのも、この一例です。

◈泰平の悪風

雲 泰平の節、天下滔々《とうとう》浮薄軽佻《けいちょう》の風俗をなし申候。

水 問《とい》最も力有り。

雲 いかがして矯正仕《つかまつ》るべきや。此《こ》の手段を伺いたく候。

＊

（雲）いまは泰平の時代であります。天下滔々として上《うわ》っ調子、軽はずみで人情が薄くなりました。世はいわゆる軽佻浮薄の風俗が蔓延《まんえん》しておりますが、これはいったいどうしたものでしょうか。

（水）ご質問の趣、まことに胸にこたえます。

（雲）この軽佻浮薄の風俗をどのようにして矯正したらよいのでしょうか、矯正するための手段・方法を承りたい。

これは今日われわれが当面しておる問題です。「天下滔々」というのは、水が流れる姿です。「浮薄軽佻の風俗」をなす、このごろは、この浮薄軽佻の風が実にきわまれりと言いますか、甚だしい。ずいぶんひどくなっておる。一方において、暴動が行われるかと思うと、一方にはフーテンだとかヒッピーだとか、まるで頽廃しきった者もおる。だいたい泰平無事というのは曲者である。大変けっこうなことであって曲者である、そこが人生というもののデリケートな点で、われわれの個人生活・肉体生活でもそうであります。あまり泰平無事、平穏無事だとわれわれの健康というのは、すぐだらしなくなる。やはり体、健康というものは鍛えなくてはだめである。精神的にもそうで、何にも苦しみがないと精神はのびてしまう。つまらなくなります。人間の頭はもとよりそういうふうにできておる。人々はよく、あまり勉強したんで頭が悪くなったと平気で言うけれど、昨今は大脳医学が発達して、そうした考えが間違いであることがはっきりしております。

われわれの頭は非常に都合よくできており、これは天の恵み、神の恵みで、なんぼ使っても悪くならん。使えば使うほど頭は冴《さ》える、良くなる。頭が悪くなるというのは、頭そのものじゃなく、ほかのところが悪くなるからである。例えば、姿勢が悪いとか、肝臓が悪いとか、胃が悪いとか、その影響を受けて頭が悪くなるのであって、頭そのものは使えば使うほど良くなる。専門家は、

「普通の人間は、せっかく持っている能力の十三パーセントくらいしか使っていない。つまりあらゆる遊休施設の中で一番もったいないのは、頭脳だ」

と言うておる。しかもその頭は難問題と取り組めば取り組むほど良くなる。肉体も同じことで、楽をさせ、やさしいことばかりに使っておるとだめになる。だから、いくら使ってもよろしい。正しく使えば使うほどよろしい。またむずかしい問題と取り組むほどよろしい。

ところがこの理《ことわり》を誤って、明治以来、日本の教育界は子供にむずかしいことを教えてはいかん、あんまり勉強させると神経衰弱になるとか言うて、脳というものの組織・機能を誤り解した教育・躾《しつけ》をやってきた。これがいまの日本人を非常にだめにした。文字教育なんかでもそうである。これについても専門家がいろいろ試験し

て結果を出しておるが、本当に仕込めば、もう五、六歳から十歳くらいまでの間に、二千や三千の漢字を覚えるなんて楽なことであり、二、三カ国語くらい自由に覚えるそうであります。

そう言えば、昔の教養の高い家庭などでは、だいたい十歳過ぎくらいまでに四書五経や『日本外史』などを読ませて、子供はまたそれをよく覚えたものであります。このごろも幾人かの専門家が、文部省が決めておるような漢字は、小学校の一年、二年ですべて覚える。仮名よりも漢字のほうが子供はずっとよく覚える、興味を持って覚えるということを報告しております。それなのに、せっかくの子供の頭脳をもったいなくも遊休施設にして錆《さ》びさせておるのが、今日の教育と申してもよろしい。頭というものは、誠にけっこうにできておる。鍛えなければだめなんであります。

泰平もそうでありまして、どうしても泰平になるというと、人間が堕落する。「天下滔々浮薄軽佻の風俗をなし申候」、どうしてこれを矯正するか、この手段を伺いたい。われわれも今日伺いたいところであります。

ところが、述斎先生曰く。

水 是事太《このことはなは》だ難し。紀綱を正し、風俗を革《あらた》むるは、此《こ》れを擘頭《はくとう》と為《な》す。

＊

（水）これは大変むずかしい問題であります。何よりもまず国家を存立させている根本的な原理・原則を正し、筋を通して、人心風俗の堕落を革新すること。これこそまず第一に着手すべき大切なことであります。

「是事太だ難し」、これは非常にむずかしい問題で、「紀綱を正し、風俗を革むるは、此れを擘頭と為す」である。まずこの風を直そうと思ったならば、「紀綱を正す、何事によらず筋道を通す。そうして、この風俗を改める。風俗に負けないで、風俗に従わないで、この風俗を直していくことがまず大事であると言う。今日なら、学生は学生らしく、社員は社員らしく、先生は先生らしく、役人は役人らしく、筋道を立てる。筋を通すことが大事で、それを放ったらかしておいて、いろ膏薬《こうやく》貼《は》りをやっても、それはだめである。個人で言うならば、生活慣習です。教育で言うなら躾です。これを改めるのがまず「擘頭」、指で言えば一番大事な親指のようなこと、第一着手だと言うのです。まったくそのとおりであります。

例えば先生が生徒のご機嫌をとって、生徒に生徒らしい習慣をつけない。大学へ来る学生は、先生が教室に入っていっても、挨拶《あいさつ》する者がいない。そして学生が教授、甚だしきは学長・総長をつかまえて「君」なんていう奴《やつ》がいる。これではいかんので、やっぱりそこは筋道を通さなければいかん。そのうちに筋道を立てる、筋を通すということすらわからなくなる、人間が堕落してしまうのである。いまこそ日本の社会はどうしても筋道を立てるということが大事であります。これが「劈頭」である、まず手始めである。筋道を立てなければ、日本はもう絶対に良くなりません。

雲　後世に至りて節義の風《ふう》おとろえ、俗に申す、鼻まがりても息さえ出ればと申す風にて、慨歎《がいたん》仕《つかまつり》候。此の弊風いかがして矯正仕るべく候や伺いたく候。

＊

（雲）末の世と言われる今日は、一貫した節操《みさお》（締めくくり）と人間のあるべき道――節義の風が衰退して、俗にいう鼻が曲がっても息さえできれば良いではないかという情けない風潮で、まことに慨歎にたえません。この悪風をいかにして矯正するべきか、ご高見を承りたいと存じます。

「鼻まがりても息さえ出ればいい」という諺《ことわざ》が当時の世の中にあったとみえる。それに対して述斎先生が答える。

水　節義の風衰えて、而《しこう》して澳涊《てんでん》の俗興《おこ》る。上《かみ》の人以《もつ》て誘《いざな》う所有るに由《よ》るなり。

＊

（水）いったい、節義の風が衰退すると、世の中には垢《あか》で汚れ、悪酔いしたようなだらしない風俗が流行するものであります。それというのも、上に立つ為政者に節義、万事に筋を通すという風がないので、その風潮に誘われて下々《しもじも》までその悪風に染まるのであります。

「澳涊」というのは、いまの人には出合わない熟語ですが、昔はよく書物に出てまいりました。これは悪酔いをした姿、あるいは垢で非常に汚れることです。「澳涊の俗興る」、悪酔いしたような、いかにも汚れた風俗が盛んになる。これは「上の人以て誘う所有るに由るなり」であります。汚れた風俗というのは下から興るのではない。上が悪いのである。上がそういう手本を見せるから、下もそうなる。「節義」ということは、つまり締めくくり、筋を通すということであります。

先般、大和《やまと》の五條で森田節斎《せつさい》先生の記念祭が行われ、私もまた節斎先生に関する話をしました。この節斎先生はなぜ「節斎」と号したかと言うと、この人は五條の人だから、條を城に変えて本来は「五城」と号しておった。非常な秀才であり博学で、詩文にも長じた人でしたが、歳三十にして京都に出て、幕末当時の春日潜庵《かすがせんあん》とか池田草庵《そうあん》とか、その他いろいろの志士・仁人と交わった。頭のいいのに任せ、気迫の盛んなのに任せて、ずいぶん大酒を飲み万巻の書を漁《あさ》り、特に『史記』とか『孟子《もうし》』などが好きで、そうした気骨の漲《みなぎ》った名文を愛読した。『孟子』は七篇あるわけだがその全篇を一語も残さずに暗唱したというくらいの人で、そして頼山陽《らいさんよう》をはじめ多くの詩人・学者に接して、詩文を作ることにも天才的な才能を発揮した人でありますしかし、彼はだんだん反省をして、気分に任せていい気になって、むやみやたらに博識だとか文才・詩才といったものに走ることは良くない、人間はもっと引き締めなきゃならん。締めくくりが大事であると悟った。そこでまず酒を飲むことを節し、むやみに金を使うことを節する。その他、万事もっと締めくくろうという意味で、広い意味の節約ということに気がついて、そこで「節斎」と号したのであります。

万巻の書を読み、詩を能《よ》くし、文を作るなんていうことは、要するに知識であり、才能である。こんなものいくらできても人間としては枝葉末節のことで、人間にはもっと本質的な徳というものがある。この徳義の生活というものを磨きだして、安心立命をしなければならんと悟る。『孟子』を暗唱したって何もならん。孟子の心境、孟子の教うるところの道義、これを身に体するようにならなければだめだと、非常に煩悶《はんもん》をして、彼は初めて『孟子』「離婁章句下《りろうしょうく》」にある

「為《な》さざるあるなり、而して後、以て為すあるべし」

という一語に豁然《かつぜん》として大悟した。つまり人間とは、自分の欲望、自分の趣味に任せて何でもやり、油断をすると「為さざるなきなり」、何をするかわかったものでない。何でもしでかす。このごろの犯罪を見ても、病人を見ても、まったくこれは「為さざるなきなり」と、もう何でもやってのける。しかし、その中にあって、世の中がどうなっておろうが自分はこういうことはしないんだというのが、「為さざるあるなり」である。これは理性と意思の力によって初めてできる。つまり、だらしのない人間の欲望や興味にまかせる生活に一つの締めくくりを与える、節をつけることである。それで初めて人間に「道」というものが立つ、これを義という。これを結んで「節義」と言います。

節斎先生は初め節約の意味の「節斎」であったが、今度はもう一段深いところの

「節斎」になっていった。これが彼を偉大ならしめた眼目であります。要点であります。これはやっぱり、人の上に立つ者がお手本を見せるよりほかはありません。ただ非難してみても、批評してみてもしようがない。家庭にあってはやっぱり親が、学校にあっては先生が、社会にあってはやはり上に立つ地位の人々、特に為政者・政治家というような人がお手本を示さなければなりません。

雲　凡《およ》そ祝融《しゆくゆう》の災《わざわい》大にして火勢猛烈たるとき、人敢《あえ》て近づかず。もし近づくときは必ず焼爛《しようらん》す。一時の火すら斯《かく》の如し。況《いわ》んや世の季運《きうん》に赴くとき、人是《これ》を潔《きよ》めんとする。愚の甚だしきなり。花の春過ぎて枯れ行くとき、郭橐駝《かくたくだ》あるとも是を養うこと候わず。枯れ行くときは抑えずして、種を来春に残すを識者の業とす。治国の術また然り。

＊

（雲）大火事が発生して、しかも火勢が猛烈なときには、人は猛火に近づこうとはしません。もし無理に近づけば忽《たちま》ち焼け爛《ただ》れてしまうでしょう。一時の火事でさえそういうものです。まして時運が衰えて末世ともなれば、無理にこれを廓清《かくせい》しようとすることは、はなはだ愚かなことであります。百花繚乱《りようらん》の春が過ぎて、秋に花木が枯れゆくときには、たとえ植木の名人・郭橐駝といえども、再びもとのように樹木を蘇生《そせい》させることはできないものです。そういうわけですから、枯れゆくときは強《し》いて手を加えないで、種子を来年の春まで残すことが、識者の仕業というものです。国を治める方策もまたその通りで、大事なことは種子――有為な人材や教学を後世に残すことであります。

「祝融」とは夏の神、あるいは火の神様で、それから転じて火事のこと。「火勢猛烈たるとき、人敢て近づかず」。一時の火すらこのようなのだから、まして、「世の季運に赴くとき」、世の中がだんだんある方向に頽廃《たいはい》していって、もう世も末だとなったときに、人はこれをなんとか潔めようとするのは愚の甚だしきことだというのであります。「花の春過ぎて枯れ行くとき、郭橐駝あるとも是を養うこと候わず」。郭橐駝は植木職の名人であります。宋の柳宗元《そうりゅうそうげん》に『種樹郭橐駝伝《しゅじゅ》』という名文がある。郭はある植木職の姓で、橐は駝背、つまりらくだの背の袋を表して、橐駝というのは駱駝《らくだ》のことであります。この人は植木の名人で、よく自然の法則に順応して、人為の誤りを犯さぬ道に長《た》けていた。そしてその道から政《まつりごと》の道を喝破した寓《ぐう》意《い》深い話である。日本でも大正から昭和の初めころの中学校の漢文の教科書には必ず出ておったが、おもしろい名文である。幕末には、ほとんど常識として知っておった。「郭橐駝あるとも是を養うこと候わず」、いくら郭橐駝のような植木の名人でも、花の春が過ぎて枯れ行くときには、これをどうすることもできない。「枯れ行くときは抑えずして、種を来春に残すを識者の業とす」るものです。

「治国の術また然り」。どうにもならないような頽廃的傾向の世になったときに、すぐにどうしよう、こうしようとしたって、できることじゃないので、無理にやろうと思うと、とんでもない副作用にかえって破れることがある。それよりは、種を残す、こういう傾向を救えるような種、人物・精神・道徳・信仰、そういったものを残す。そうすると、時が来たら、それが必ず育って自ずから世を救う。こういう議論であって、考えようによっては、そんなことでは間に合わんという考えも成り立つけれど、さてどうできるのかというと、なかなか都合の良い方法があるわけでもない。この時にあたっては、天下の俗流というか、時流・俗流というものに、毅《き》然《ぜん》として動じないような人物・精神、そういう道義・信仰というものを大事にすることで、そうすれば、時が来れば必ず時代を、人心を救うことができる。これはたしかにそうであります。

水　太田道灌《どうかん》の詠に、いそがずばぬれざらましを旅人のあとより晴るる野路《のじ》の夕立、如何《いか》にも時を知らで勇往直前する者を戒め候には能《よ》く申《もうし》とりたる歌に候。

＊

（水）太田道灌の歌に、「いそがずばぬれざらましを旅人のあとより晴るる野路の夕立」とありますが、いかにも時世を知らずして猪突猛進する者を戒めるためには、良くできた歌であります。

述斎先生の返書は、太田道灌の詠、

いそがずばぬれざらましを旅人の
　　あとより晴るる野路の夕立

を引かれて、「如何にも時を知らで勇往直前する者を戒め候には能く申とりたる歌に候」と賛意を表しておる。これもしかし、よほど信念があり、よほど見識がないと、見物して終わってしまうことになる。いずれにしても、人間とはむずかしいものであります。

◈経と権

雲　経国の術は、権略も時として無くばかなわざることに存候。余り純粋に過ぎ候ては人心服さぬこともこれ有る様に存ぜられ候。去りとても権略ばかりにても正を失い申すべく候間、権略を以て正に帰する工夫、今日の上にては肝要かと存候。

＊

（雲）国を経《おさ》める政術としては、時として権略を用いることもなくてはならないことかと存じます。権略――権は秤《はかり》の分銅（重り）でありますから、その分銅を適宜に動かして重さを量るように、権略とは物事の宜しきを制することを言います。そこで為政者としてはあまりに純粋すぎて融通性に欠け、臨機応変に権力も行使できないようでは、人心が帰服しないこともあるかと思います。しかし、それかといって権略ばかり行使したのでは、今度は政策の正しい在り方を失い、ご都合主義・便宜主義に堕してしまいます。そこで、権略を正しい在り方に持ってゆく工夫が、今日においては肝要かと存じます。

国を治めることはむずかしい。「権略」も時としてなければならない。権略の「権」は、秤の重り、分銅のことである。竿《さお》が衡である。分銅を動かして、竿が水平になる所へ持ってきて目方が決まるのであるから、物事を正しく決する手段を権というのが本義である。それが堕落すると、ごまかしの意味になる。秤の重りを、あっちへやったり、こっちへやったり動かして、ちょうどいい所へ持っていくとピタリと衡が決まる。これを「衡平」と言う。これはいつも一定するものじゃないので、量る物体によってどうでもなるものだから、そこでこの権を「仮り」という意味にも使う。だから、「仮りに現れる」ということを権現という。権現様というのは、いつも出てくるものでなくて、世を救う、人を救うために、仮りに現れるのである。分銅をあっちへやったり、こっちへやったりして、物の宜《よろ》しきを制する術を「権術」とか「権略」というわけです。

しかし、これは手段的なもので正ではない、本来、変わりない定則・定理というものではない。これが正と権と分かれる所以《ゆえん》で、権がなければ秤にはならない。物が量れない。正だけではいかん。正に対して権が伴わなければならない。権略も時としてなくてはかなわざることである。あまり純粋にすぎるということだけでは、つまり正ばかりでは問題は解決しない。正から見て権がピタリと当てはまる、正しきを得ることが義である。「正義」というのは、正を得て妥当であることで、あまり純粋にすぎるというのは、つまり権から離れて遊離して、観念的な正、融通の利かん正になっては人心は服さぬこともこれあるのです。さりとても権略ばかりでは、今度は正を失ってしまうからご都合主義・便宜主義、手段本位になってしまう。それで権略をもって正に帰する工夫が、今日肝要かと存じますと板倉綽山侯は問うのであります。

それに対して述斎先生が言う。

水　権は人事の欠くべからざることにして、経と対言《ついげん》仕候。秤の分銅をあちらこちらと、丁《ちょう》ど軽重に叶《かな》い候処《ところ》にすえ候より字義をとり候ことにて、固《もと》より正しきことに候。仰せ聞けられ候所は、謀士の権変《けんぺん》にして、道の権には非《あら》ず候。程子《ていし》の権を説き候こと、近思録《きんしろく》にも抄出これ有り、とくと御玩味《がんみ》候様存候。

＊

（水）権というものは人間世界において欠くことのできないものでありまして、経（常理・常則）とは対照的な言葉であります。秤の分銅をあちらこちらと動かして、ぴたりと均衡が取れた位置に落ち着くというところから、権という字の意味をとったのでありまして、もとより権は大切なものであります。ただ貴殿が仰言《おつしや》るところの権略は、策謀家・策士の権変であって、道に基づいた権ではありません。かの程明道が『近思録』にも論じておりますように、道というものを会得《えとく》しておりませんと、権略だけでうまくゆくものではありません。この辺のところ、篤《とく》とお考えいただきたい。

経に対する権、これは相対的な言葉で、秤の分銅をあちらこちらと、ちょうど「軽重に叶い候処にすえ候より字義をとり候ことにて、固より正し」いことである。秤とは分銅がうまく落ち着く所へ落ち着いて、その秤の竿がピンと静止する。これを「秤定《しようてい》」と申します。

諸葛孔明《しよかつこうめい》が、無理を頼みにきた陳情家に答える。

「我が心、秤の如し。人の為に低昂《ていこう》する能《あた》わず」

自分の心は秤のようなものだ。人のご都合で上がったり下がったりしないという名言を吐いて歴史に残っておる（『揚竹庵文集』）。自分の決定権は秤定、秤のようなものでピタリと正しい所に落ち着くのだ。おまえたちが正しいことを注文するならどうにでもなる。上がりも下がりもするけれど、ご都合ではそういう勝手なことはできん。いかにも諸葛孔明らしい、いい言葉です。

もとより権という字は大事なものだ、正しいものであります。ただ、あなたのおっしゃる権略というのは、「謀士」、謀略家の策士の権変であって、「道の権には非ず候」と述斎先生は言う。「程子の権を説き候こと、近思録にも抄出これ有り、とくと御玩味候様存候」と教えているのであります。

『近思録』「格物窮理篇」に、

「程伊川《いせん》が朱長文《しゅちょうぶん》に答うる書に曰《いわ》く、心通じて然《しか》る後に能《よ》く是非を弁ずること、権衡（分銅や竿）を持して以て軽量を較《かく》するが如し、孟子の所謂《いわゆる》言を知るとは是《こ》れなり。心、道に通ぜずして古人を較するは、猶《な》お権衡を持せずして軽量を酌する（計る）が如し云々」

とあります。人間はいかにあるべきか、人間はいかになすべきか、この人の道というものをよく心得ておらんと、権変・権略というものはうまくいかん。しかしとにかく権というものは大事で、そこで分銅を動かして物の重さ・軽重を計るように、物を支配し決定する力を「権力」というわけであります。その権力について、綽山侯はおもしろいことを言うております。

雲　権の一字、大臣たるものとらでかなわぬ者に候えども、とかく禍《わざわい》の出来勝手の処に候。老子の、客となりて主とならずなどと処世の妙《みよう》を吐露《とろ》仕《つかまつり》候なれども、時に寄り左様ばかりも申し難く、早く握りて早く脱し申候こと第一と存候。公平にして権を握る、禍何に由《よ》りて生ぜんやと存候。

＊

（雲）権の一字を考えますと、大臣のような指導的立場にある者は、みな権力を掌握しなければならないものであります。しかしながら権力というものは、とかく禍が起こりやすいものであります。『老子』に「客となりて主とならない」などと処世の妙を吐露しておりますが、時と場合によっては必ずしもそうばかりはいりません。とにかく権力に恋々としないで、権力というものは、早く握って早く脱却することが第一と存じます。権力を私しないで、公平な心で権力を行使すれば、どうして禍など起こりましょうや。

権力について世間にはなんでもかんでも悪いという者がある。しかし、権力論は現代でも社会学・政治学上の重要な問題の一つである。権力論についての本は洋の東西を問わず幾種類もある。「権の一字、大臣たるものとらでかなわぬ者に候えども」、大臣は権力というものがなければならん。いや、人臣ばかりでない。およそ人を支配する、人を左右する立場の者は皆権力がなければならん。だから上に立つ者には権力が付与してある。そして人間にはすべて権利というものが認められておる。ところが、この「権」というものは曲者で、とかく「禍の出来勝手の処に候」。とかくこの権から禍というものが「出来勝手」、思いもよらず自在に起こってくる。禍の生じやすいものであります。老子には、

「兵を用うるに言えること有り。『吾れ敢《あ》えて主と為《な》らずして客と為る。敢えて寸を進まずして尺を退く』と」（『老子』第六十九章）

と、攻撃の主動者となろうとせず、受け身に回るという処世の妙を吐露しているけれども、時によりそうも言ってばかりおられない。したがって権力とは「早く握りて早く脱し申候こと第一と存候」である。権力とは早く握って早く脱けたほうがいい、これが第一だ。「公平にして権を握る」、権を私するから禍が生ずるので、公平にして権を握れば何も禍は起こらん。要するに、権というものは握れば早く握って、そうして早く脱けたほうがいい。こういう意見であります。

それに対して、述斎先生も答える。

水　是は大《おおい》に発明の高論に候。老子の説より教となり申すべく候。

＊

（水）これは貴殿が考えつかれた卓越したご議論です。むしろ『老子』の説よりも裨益《ひえき》するところが大きいと申せましょう。

権というものは早く握って早く脱することだ、いつまでも権力にしがみついておると禍を生じやすい、間違いやすいというのは、大変ご発明だ。あなたは良いところにお気がつかれた、大変格調の高い議論であります。「老子の説より教となり申すべく候」、客となりて主とならずという老子の教えより、あなたのおっしゃるほうがもっと役に立ちましょうと、述斎先生。――実におもしろい。皆さんが権を握られたときに、覚えておられると大いに参考になる。その次もそうであります。

雲　執政は権なきは悪く候。固《も》と天下の鈞衡《きんこう》を掌《つかさど》り申候任ゆえ、威権なくてかなわざることに候。権と申して私を做《な》し申し候ことにては之れ無く候。

＊

（雲）執政——国政の任に当たる人臣には権がなければなりません。元来、大臣は天下の人材を選び出す職分でありますから、威光と権力、威権がなくてはなりません。しかし権といっても、それは私利・私欲を遂げることであってはなりません。

綽山侯は「執政は権なきは悪く候」と言う。政治を執る者は、あるいは大臣の任に当たる者は権がないというのは悪い。「固と天下の鈞衡を掌り申候仟ゆゑ」だ。「鈞衡」の鈞は一鈞（＝斤）二鈞、重さの単位で、陶器を作るろくろを陶鈞という。鈞衡は物を量って平均を得させる、人物を選択することで、天下の鈞衡は威権がなければ、支配はできない。権とは、それは俺の権力だ、俺の権限だ、権利だと言うて、私をなす、自分の私心・私欲を遂げることではない。天下のことをそれこそ宜しきに従って、時宜に従ってうまく処理していくのが権力であります。

述斎先生曰く。

水　宰輔《さいほ》は権無かるべからず。権なければ国家を鎮圧するに足りず。若《も》し私心を以《もつ》て権を立つれば、則ち人、其権を恐れず。

（水）仰せのように、宰輔——国政をつかさどって君主を輔弼《ほひつ》するところの宰相には権がなければなりません。宰相に権力がなければ国家を鎮定することができないでしょう。しかしながら、宰相の重任に在りながら、私利私欲をもって権力を行使すれば、そのときは人民が宰相の権力を畏敬《いけい》しないで、馬鹿にするようになるものであります。

＊

「宰輔」とは国事を裁量して君主を輔弼する者。「権無かるべからず。権なければ国家を鎮圧するに足りず。若《も》し私心を以て権を立つれば、則ち人、其権を恐れず」。まったくこの通りで、今日の政府・内閣などを見ると、権力というものの理解の仕方、あるいは権力というものの用い方に非常な誤解や失敗がある。権力を通すべきところを、一向に通さない。そして私心・私欲のようなものに権力をうまく使う。権力の取り扱い方に、大きな錯誤がある。これは天下のことを取り計らう上において重要な問題であります。しかし、金をうまく使う人はたくさんあるが、権力をうまく使う人は実に少ない。権力を寝かしてしまったり、権力を悪用したり、なかなかうまくさばけません。

◆大臣の大功者

雲　大臣の大功を成就仕《つかまつり》候人、率《おおむ》ね忠厚にして大事を断じ申候人やに存候、漢《かん》の霍光《かくこう》、宋《そう》の韓琦《かんき》の類に候。何《いず》れ忠厚の二字、人臣の忘るべからざるものと存候。浮薄の輩は大事は成りがたく存候。只怨《ただうら》みと申す一字全く脱去仕らず候ては、人臣・害を免れ中傷を脱し中候こと覚束《おぼつか》なく存候。怨の一字より大臣・忠あるも終《おわり》を保ち中さず候やと存候。

＊

（雲）大臣として大きな功業を成就した人物は、おおむね自己の職分に忠実で、しかも人情に厚い、すなわち忠厚の資質をもって大事を断行した人かと思います。その良い例は、前漢の武《ぶ》帝のときの名宰相・霍光とか、宋の時代の賢宰相・韓琦などの類であります。ともかく忠厚の二字は、人臣として忘れてはならない資質でありますが、上っ調子で人情の薄い人物では、人心が離反して大事を成就することはむずかしいと思います。そこで大事を成すに当たっては、往々にして反対派の怨《うら》みを買う。それゆえ人から非難されて怨まれるということ、この怨の一字を脱却いたしませんと、反対派の迫害を免れ、あられもない中傷を超脱することは覚束ないと存じます。ただ恕の一字から、せっかく大臣の重責に忠実であっても、終わりを全《まっと》うすることができないのではないかと思います。

大臣となって大功をなし遂げた人を見ると、おおむね「忠厚」である。忠厚という文字は非常によく使われる大事な文字であります。人間は薄くてはいかん。味も薄くてはいかんが、人間の内容というものは、特に薄くてはいかん。できるだけ厚くなければならん。しかもその人間の内容の中でも、特に大事なのは情が厚いということであります。「忠」というのは、われわれの理想・目的に従って努力することを言うのです。その努力、つまり真面目《まじめ》に行おうという努力、忠は非常にけっこうでありますが、そのために、往々にして人間は一種の功利主義になっている。目的のためには犠牲を省みんということで、人情味・人間味がなくなる、つまり軽薄になる。それでは人心がつかん。やっぱり大功を成就する者というのは、人を使わなければならんから、忠厚である、忠にしてかつ厚である。何事によらず厚みがある。特に情において厚みがあります。

「忠厚にして大事を断じ申候」、小事を断ずることは誰でもやるが、大事となると一人ではなかなか決断がつかんもので、大勢が寄って大事をはかる。重大問題であればあるほど、大勢で相談をする。評定をする。そうするほうが間違いがない。間違いがないと同時に、責任を皆で分かつわけであるから、一人が責任をひっかぶることがなくて済む。そして「三人寄れば文殊の智恵」でいい智恵も出るという常識論で、これは定理である。しかし、大事がその通りにいくならなんでもないが、そうはいかん。先程も言いましたように、大勢寄ると責任逃れになってしまう。要するに議論が詰まらない。うやむやになってしまう。これが〝小田原評定〟と言われる所以《ゆえん》で、やはり重大問題になると、誰かが決断しないといかん。ところがそういう「大事を断じ中候人」、断じ得る人はなかなかいない。例えば、漢の霍光、宋の韓琦の類だけれども、それがいません。

漢の霍光は前漢・武帝の時代の名宰相であります。字《あざな》は子孟《しもう》。兄の霍去病《かくきょへい》は武将、弟の光は大臣として、漢の朝廷に重きをなした。武帝の朝より宮廷に出入りすること二十余年、人となりは沈静詳審《しょうしん》で進退居止《きょし》にいささかの過誤もなかったという。武帝の遺詔《いしょう》を受けてその子の昭帝、宣帝と、三代の皇帝を輔《たす》け、そのために「百姓《ひゃくせい》治まり、四夷《しい》は賓服《ひんぷく》した」と言われておる。また、甘露《かんろ》年間（前五三―四八）には功臣の肖像を麒麟閣《きりんかく》に描くに当たって、霍光はその第一に掲げられたという人であります。

一方、宋の韓琦もまた宋代の賢宰相として名高い。字は稚圭《ちけい》といって有名な范《はん》仲淹《ちゅうえん》と併称されて国家の重きに任じ、仁宗の朝に大いに治績を挙げて、英宗の時に魏国公《ぎこくこう》に封ぜられた。神宗の熙寧《きねい》八年（一〇七五）に没して忠献公と諡《おくりな》せられ、後に追封されたが、いずれも忠厚の名宰相のお手本のような人であります。

「只怨みと申す一字全く脱去仕らず候ては、人臣・害を免れ中傷を脱し申候こと覚束なく存候。怨の一字より大臣・忠あるも終を保ち申さず候やと存候」、ただこの大事を断ずるというときに往々にして怨みを作る。この人から憎まれる、怨まれるということを解脱せんと、やがてせっかく決断を下しても怨まれたり、とんでもない害に遭う。大臣という重責に忠実な人物であっても、ただ怨の一字のために、終わりを全うすることができない大臣もいる。どうもこの「大事を断ずる」ということには、怨みを結ぶとそこからとんでもない問題が起こるようである。これはいかにも世の中にありがちなことであります。

それに対して述斎先生曰く。

水　忠厚は特に人臣のみならず、君と雖《いえど》も此の二字なきときは事業なりがたし。

人倫闕《か》くべからざるのことなり。浮薄は大事を成しがたし確論なり。怨は唐土《とうど》に多くあり。此方に少《すくな》し。又軽き者には多くあり。重き者には少し。大名の上には此嫌《きらい》ますます少し。

＊

（水）忠厚という資質は、ただに人臣だけでなく、君主といえども忠厚に欠けているときは、大事業は成しがたいものであります。これは人倫――人として守るべき道において欠くことのできないものであります。上っ調子で人情味が薄い――浮薄では大事を成しがたいということはたしかな議論であります。ただ為政者の施政に対する怨恨《えんこん》は、中国には多くの事例がありますが、わが国においてはそれほど多くありません。また地位の軽いものに対しては多いのですが、地位の重いものに対しては少ない。さらに名誉・権勢が高い大名は、大事を断行しても、人民から怨まれるということはますます少ないのであります。

「大事」はおっちょこちょい・調子者・軽薄者では成しがたし、これは確かなる論である。この大事を断ずるといったような権力の問題について、怨みは中国（唐土）に多くある。日本（此方）のほうはわりに少ない。「又軽き者には多くあり。重き者には少し」、人間が軽い者には怨みが多い。じきに怨む。人間がどっしりしておると怨みなんていうケチなもの、イジイジしたものにとらまえられない。「大名の上にては此嫌ますます少し」、大名ともなれば、名誉権勢が非常に高いから、少々大事を断じて、そのために犠牲者を出しても怨まれるということはますます少ない。名誉権勢が乏しいと、つまり権力が備わっておらないと、大事を断じてとかく怨まれる。この辺は人間の微妙なところであります。

「任怨《にんえん》」「分謗《ぶんぼう》」ということについては、中国に『為政三部書』(『三事忠告』)という名著があります。内閣に与える忠告「廟堂《びょうどう》忠告」、それから司法官・警察に与える「風憲忠告」、地方長官に与える「牧民忠告」、この「三事忠告」からなっており、私が『為政三部書』と改題しまして刊行したことがある。これは元《げん》が中国を征服したときに、今日から想像してもわかるけれども、惨憺《さんたん》たる闘争・破壊になるわけであります。ことに蒙古民族は剽悍《ひょうかん》、すなわち動作がすばしこく性質が荒々しいので、大変な犠牲を出した。しかし反面、蒙古族は非常に男らしい、肝の大きな胸中の闊《かっ》達《たつ》な民族であって、征服した国の人物を非常によく使った。彼らは征服に伴う惨憺たる破壊をさすがに憂えて、つとめて漢民族、すなわち宋王朝に人材を探し出して、それを活用することに努力した。これは世界の歴史の中でも珍しい美事《びじ》であります。

そのときに、山東省の済南《さいなん》に張養浩《ちょうようこう》という非常に偉い人がおった。その人を引っ張りだして宣撫《せんぶ》大臣に任命した。張養浩は身をもって国難に当たったが、極度の疲労によって殉職した人であります。『三事忠告』は実はこの張養浩によって書かれた非常な名著であります。戦時中、私は風邪をひいて熱を出し、たまたま病床でこれを読んで感動し、熱がやや下がったのを機に、病気を忘れて家に閉じ籠《こ》もって、この書物を訳したのであります。そのうち、「牧民忠告」は山鹿素行《やまがそこう》が日本語訳しておるのですが、非常に古字が多くむずかしいので、これにすべて注釈をつけて軍部に寄贈したことがある。これが後に皆に感動を与え、日本の政治家や軍人が『三事忠告』を勉強しておるというので大変に評判になったことがあるのであります。

その「廟堂忠告」、すなわち大臣学の中に「任怨」というチャプターと「分謗」というチャプターがある。大臣のような要職にある者の一つの心得、また一つの哲学は「怨に任ずる」という心構えが大切である。権力をもって大臣の重責を断行するには必ず怨というものが免れない。誰かから怨まれる。それをびくびくしておったんでは何もできません。怨に任ずる、「よろしい、俺は断じてわが道を行く」という気概であります。それから、権力を持ち責任を分かつ同僚が、反対側から発せられるところの誹《そし》りをおのおのが分かたなければいかん。自分だけ良い子になってはいかん、といったことが堂々たる名文で幾多の実例を引いて論じられておる。要するに襟を正すというのか、頭の下がる名論であります。

戦時中もある施策に関して陸軍の中で大変な議論というより、むしろ喧嘩がありました。そのときに、まだ大佐か中佐であった、ある青年将校が、やかましく言っておる陸軍次官に、

「閣下、そんなことではいけない、もっとしっかりしなければいけない。要職にある者には任怨・分謗ということがある」

と詰め寄った。そしたら次官が、

「いったい何のことだ、教えてくれ」

と言ったので、その青年将校が『三事忠告』の一節を読み上げたそうでありま す。そしたらその次官が非常に感動して、

「おまえは一介の武弁だと思っていたら、さような哲学をやっておったか」

とえらく感動して、一躍抜擢《ばってき》されて要職につけられた、ということを後で告白しておりました。

◆大臣の任と禍

次には「自任」ということに移ります。

雲　天下の大政を秉《と》る者は自任致し申候《そうらい》て掛《かか》り申さねば成り申さず候。我が力足らざるを知って事を引き、勝手に致し候もよきことながら、大政を秉るに臨んでは、我が出来ぬ迄《まで》も、押付け中候才力なくしてかなわざることに存候。器量一杯に做《な》し申候て、叶《かな》わざる時は身退くより外之《ほかこ》れ無く候間、自任致し申すべくと存候。

＊

（雲）天下の大政を執るほどの者は、自分の力量に自信を持って臨むようでなければ、大きな仕事を仕遂げることはできません。自分の力量不足を知って仕事から手を引き、自由気儘《きまま》に暮らすのも良いのですが、そうではなくて、いざ現実に天下の政事を一手に引き受けるに当たっては、とても自分の手には負えないと思ったことでも積極的に受けて立ち、少々の圧力は撥《は》ねのけ、徹底してやり抜くくらいの才力がなければなりません。そうした場合には、自分の器量いっぱいやりまくって、万一うまく行かぬときには辞任するまでのことです。狐疑《こぎ》逡巡《しゅんじゅん》せずに、自信を持って重責に臨みたいものであります。

天下の大政を行うほどの者は、自らやっぱり任ぜんといかん。俺《おれ》がやるんだ、俺なら一つやってのけるぞという「自任」が必要である。自ら任じてかからなければ仕事などとてもできるものでない。「我が力足らざるを知って事を引き、勝手に致し候もよきことながら」、とてもこんな役目に就いて、こんな仕事を背負わされたのでは俺の力は足らんということを知って、さっさと引っ込み、肩の凝らない自由な暮らしをすることも良いことだが、天下の政《まつりごと》を行うということに臨んでは、「我が出来ぬ迄も、押付け申候才力なくしてかなわざることに存候」、自分ではできんようなことまでも押しつけてやりきってしまう才力がなくては、何もできない。いかにも大名らしい。

そこで「器量一杯に倣し申候て」、器量は人物である。自分の人物いっぱいに、実力いっぱいに全力を挙げてみて、そうして叶わざるときは身退くよりほかない。精いっぱい、実力いっぱいやってみたがいかんというときに初めて身を退く、それよりほかない。できるだろうか、どうだろうか、失敗したら大変だと、初めからおっかなびっくりでかかるようなことではいかん。なかなか痛快な議論であります。

それに対して述斎先生は言う。

水　己《おのれ》を量《はか》るの論は前郵《ぜんゆう》に論じ候やと覚え申候が、今般の高説は平易の道理に之《こ》れ無く候えども、有為《ゆうい》の人亦《ま》た此《この》志なかるべからざる所にして、面白く承り申候。然《しか》れども、是等《これら》は万世の訓《おしえ》とすべからず候。其人を得て論ずべきの説にて候。是れ聖賢と英豪との別に候。英豪の見《けん》は時として用うべからず。聖賢の語は何処《いずこ》に往《い》くとして用うべからざるは無き所の段階に候。

＊

（水）己の力量を測って事に当たるという論については前の手紙で申し上げたかと思いますが、このたびのご高説は、誰にも当てはまるわけにはまいりません。別して有為の人物にはこのくらいの志がなくてはならないものでありまして、大変興味深く承りました。しかしながら、これは普遍妥当性のある、永遠に渝《かわ》らぬ教訓とするわけにはまいりません。特定の有為の人材に当てはめて論ずべき説であります。これが聖賢と英豪（英雄豪傑）との違いであります。英豪の意見は時として用いることができませんが、聖賢の語はどこに往っても用いられぬことはないものであります。

自分の器量がどれだけあるか、わが身のほどを量ってかかるかという論は、前の手紙にも論じたと覚えておりますが、今般の高説は、平易にわかりやすい尋常の道理ではない、だいぶちょっと格調が高い、普通の者には言えない議論である。しかし、これは一時のあるいは一人の、非常におもしろい特別な議論である。誰にも永遠に間違いのないという教えではありません。「其人を得て論ずべきの説にて候。是れ聖賢と英豪との別に候」、「英豪の見」、英雄豪傑の見は「時として用うべからず」、つまり英豪の威権はときには用いることはできないが、「聖賢の語は何処に往くとして用うべからざるは無き所の段階に候」。聖賢の語はどこに行っても用いられないところはない。さすがに述斎先生、よく見分けております。

それに対して、また畳みかけるように綽山侯が言うてきます。

雲 若《も》し大臣の任に当りて、禍すでに萌《きざ》して防ぐべからざることあらば、辞任仕《つかまつ》るべきや。又は禍の生ずるを待って斃《たお》れ申すべきや如何《いかん》。

水　是《これ》は至って大事、何とも申し難し。其の決不決も亦《ま》た其人の品格だけに之《こ》れ有るべきか。

＊

（雲）もし自分が大臣の重任にあるとき、禍の兆候が見えていて、もはや事前に予防できないほど情況が切迫しているときは、辞任すべきか、それとも実際に禍が起こるのを待って任務に斃れるべきか、如何《いかが》したものでしょう。

（水）これは至って重大な問題で、どちらとも明答することはできません。事前に辞任するか、禍が起こるまで待って犠牲になるかは、当事者の人物・品格の高低によって、それなりに決定すべきことで、一概にこうすればよいと決めることはできないのではありませんか。

これはなかなか突っ込んだ質問です。自分が大臣の重要な任務に当たって、もう禍の来ることが見えておる、防ぎようがないそんなときには、さっさと辞めるべきでありましょうか。あるいは、いやしくも大臣という大なる地位、重大な任務についた以上、禍の生ずるのを待って、そうして犠牲になる、その任務に斃れるべきでありましょうか、どうお考えでございますか、と来ました。

これに対して述斎先生、「是は至って大事、何とも申し難し」。実に正直な議論です。これだけではつまらん。述斎先生はごまかした、逃げたというわけでありますが、さすが述斎先生、その後にちゃんとうなずける言葉を送っている。辞任するか禍の生ずるを待ってみすみす犠牲になるか、どっちを決めるか決めないかということもまた、その人の品格・人物次第である。人物・品格の高い人には高い人だけの決定がある。低い人には低い人だけの決定がある。誰でもこうすればいいというものではない。これは非常に大事である。人物次第によって答えが違ってくる問題であります。

それに対して、綽山侯からまた追っかけの返事がまいります。

雲 先日申候禍萌《わざわいきざ》し候節《せつ》、大臣の任に居り申候論、其人の格だけに有るべしの高論感服 仕《つかまつり》候。小子の了見にて、我が手にて取りおさめ出来申候節は見切《みきり》候て、取治《とりおさ》め、出来兼ね候わば、其職《その》に黜れ申すべく存候。初《はじめ》より我が手に乗らぬことと存候わば、機を見て而《しこう》して立つも然《しか》るべきやと存候。

*

(雲) 先日申し上げましたが、禍が萌したときに、大臣の任に在る者としては如何にあるべきかという問題に対して、当事者の人物・品格次第に対応すべきとのご高見、感服いたしました。私の了見といたしましては、禍が生じても、自分の手で収拾できると思うときは、自分なりに決心して取りおさめ、もし手に負えない事態になったら、そのときには潔く職に殉じたいと存じます。また最初から手に負えないと思えば、じっと形勢を観望して、ここぞという好機を見て行動を起こすのも宜しいかと思います。

先生の高論にはまことに感服いたしました。私（小子）の了見にては、禍が生じても自分の手で取りおさめができると思うときは、よし、やってみよう、何事が起ころうが自分には自信があると決心をつけましょう。そうして、その自分の見込みに合わないで、さてやってみるというと見込み違いでなかなか取りおさめができん、ということになったら「其職に斃れ申すべく存候」である。そこで初めて犠牲になる。ところが、「初より我が手に乗らぬことと存候わば」、とても自分の実力ではどうにもならんと思ったならば「機を見て而して立つも然るべきやと存候」、じっと待っておって慌てて乗り出さん。ここだなというときに神輿《みこし》を上げる、大任を引き受ける、というのも当たってておるんじゃないかと思います。

それに対して、述斎先生。

水　此《この》解甚だ精細喜ぶべし。然《しか》れども尚此上《なおこのうえ》を又一層ふかく論ぜば、我が手に収まるべきと見、その時手に乗らずば、我よりまさる者を薦《すす》めて救うべし。我も人も迚《とて》も力足らずと見ば、高去遠引《こうきよえんいん》も然るべきか。

＊

（水）このご見解は、大変具体的に細かな点まで見極めておられ、嬉《うれ》しく存じます。しかし、なおその上のところを一層深く論じますと、自分の手に負えそうだと思って着手してみたものの、とても手に負えぬときは、別に優秀な人材を推薦して事に当たらせれば良いでしょう。自分も人も力量不足のときには、初めからもう超然として手を引いてしまうこともよろしいかと存じます。

「此解甚だ精細喜ぶべし」、よくそこまでお考えになった。そこまであなたが突っ込んでくれるなら、もう一つ私が突っ込んで言うと、「我が手に収まるべきと見、その時手に乗らずば（自分の手に負えなければ）、我よりまさる者を薦めて救うべし」、自分で解決できると思ってやってみたが、自分の手に負えないとわかったときは、自分にまさる適任者にやらせたらいいでしょう。また、「我も人も沖も力足らずと見ば、高去遠引も然るべきか」。初めからもう超然と高く去り遠く引く、超然と逃げてしまうということも然るべきか。そういうこともあるでしょう。これもおもしろい。なかなか名人・達人同士が手紙でやりとりをしておる。いちいち身につまされて偉いものだと、その見識のほどに驚かされる。そこまで考え、常に思想を練る、覚悟を練るという古人の心掛け、こういうのが本当の活学、活きた学問であるという感服に堪えない点であります。

第三章

人間の用い方

◈善悪の分かち具合

雲　善悪を明白に分ち申候わば、季世《きせい》には怨《うらみ》を得申候て、且《か》つ事を敗り候。明白に分たざるときは賞罰の道行われ申さず候。何《いず》れの処《ところ》に止《とど》まり申すべきや伺い度《たく》候。

＊

（雲）何事につけても善と悪とをあまり明白に区別しすぎますと、このような世紀末的時代には、つまらぬ連中や反対派の怨みを買って失敗してしまいます。それかといって、黒白を明白にしないと、信賞必罰が適切に行われません。これはどの程度に区別したらよいものでしょうか、ご教示ください。

善と悪とをあまりにもはっきり分けると、こういう世紀末的時代には悪党から怨《うら》みを買う。のみならず、それで物事を破壊してしまう。しかるに「明白に分たざるときは賞罰の道行われ申さず候」である。しかし、これを明白にしなければ信賞必罰ということが行われない。「何れの処に止まり申すべきや伺い度候」、殿様らしい質問である。まさに今日もその通りである。いまの総理大臣に感想を聞いたら、これと同じことを言うであろう。行政でも議会でも善悪を明白に分かつと、社会党や共産党（当時の）から怨みを買って議会が成り立たん。いい加減にしといたら、これまた是非善悪がわからなくなってしまう。「何れの処に止まり申すべきや」、いままでは寛容と忍耐というようなことを言うておったけれど、それではいけなくなってきた。実際、何とも愚かな者が出てきますからね。これでも国会議員かとつくづくと腹が立つよりも呆《あき》れるようなのが増えてきました。

ついこの間も、社会党の議員が大臣を呼び出して、日清・日露戦争をどう思うか、あれは侵略じゃないかという愚問、沙汰《さた》の限りの愚問を出している者がおった。そうかと思うと経済事件を追及している。あんなものは議会でしち面倒くさく追及すべきものじゃない、早く当局に任せて裁けと言えばそれでいいことだ。それを根掘り葉掘り政府の責任としてくる。追及するばかりでなく、大臣が企業の接待を受けて泊まったではないか、と馬鹿な質問をしている。これは小学校の生徒よりももっと低級と言うていい。それに総理大臣が答弁しなければならんというのだから、私は日本の議会というのは、まったく世界のもの笑いだと思う。こんなことが外国へも伝わるのだけれど、外国の心ある者は、いったい日本の議会、日本の政治とは何なのかと軽蔑《けいべつ》するだろうと思う。そこまで堕落しているのであります。

実は大正末期、昭和の初めにもそういう堕落が酷《ひど》くなりました。そのころは軍というものがあり、国民にも気概があった。青年将校や右翼の青年たちによる破壊活動、革命行動の前哨《ぜんしょう》が始まって、それから国内においては、まだ秩序があり、思うようにいかんものだから、それが爆発したのが満州事変であります。いまはそれが左のほうへ行っておる。あるいは虚無的に表れておる。だから、こういうことをしておれば、日本もやがて混乱に陥るのは明々白々である。総理大臣をはじめ、心ある責任の当局者は非常に煩悶《はんもん》しておると思う。「何れの処に止まり申すべきや伺い度候」であります。

それに対して述斎先生が答えている。

水 善を善とし、悪を悪とすれば、黒白分明《こくびやくぶんめい》、公道なり。然《しか》れども亦《ま》た此《こ》れによって以て事を敗り、怨《うらみ》を取ること有るなり。渾然含糊《こんぜんがんこ》は一時を済《すく》うに足るも、又遂《つい》に賞罰明らかならず、君子小人並び進むの弊《へい》あり。

＊

(水) たしかに善を善とし悪を悪とすれば、黒と白とがハッキリして、これこそ公明正大な道だといえましょう。しかしながらその反面、あまりに黒白をハッキリさせすぎることによって失敗し、つまらぬ連中の怨みを買うこともあります。是非善悪を明白にせず、曖昧模糊にしておくと、一時をごまかすことはできますが、それでは賞罰がハッキリせず、終《つい》には君子派と小人派とに分裂して軋轢《あつれき》することになる、という弊害が生じるものであります。

「善を善とし、悪を悪とすれば、黒白分明、公道なり」、これは公の当然の道である。おっしゃる通りである。さりとて「渾然含糊《こんとん》」、含糊というのは模糊と同じことで、はっきりしないという意味。渾然混沌と同じことで、いずれにしてもはっきりしない。事の是非善悪を明白にしないで、何やら曖昧《あいまい》模糊のうちに置いておくと、一時をごまかすことはできる。「又遂に賞罰明らかならず、君子小人並び進むの弊あり」、そうすると、君子派と小人派とに分かれて、ついには軋轢するということになる。これは、板倉綽山《しゃくざん》侯の定義を蒸し返しておるだけで、返答になってないが、返事のしようがないんでしょう。しかし、その次に入りますと、だんだん明快になってくるのであります。

雲　凡《およ》そ人は才学勝れ申候も、一箇《こ》の識無くしては、天下の事は了得《りようとく》申さず候ことやに存候。識の進み方、学問より外之れ有るまじく、いずれ見通し申す識なくして、大事は出来申すまじく候、鑒裁《かんさい》明断も識中より流出　仕《つかまつり》候ことと存候。

＊

（雲）だいたい、人間はいくら才能や学問が優れていても、その人物相応の見識というものがなくては、天下国家の大事を片づけることはできないのではありませんか。その見識を進めるにはどうすればよいかというと、体験に根ざし叡智から発するところの学問よりほかありません。その場しのぎの間に合わせの学問ではなく、世界の先の先を見通すだけの見識がなくては、大事を成しとげることはできますまい。物事を鏡に映すように見通して、てきぱきと明快に判断することも見識があって初めてできるのだと思います。

その次に、綽山侯は、およそ人間は、才学・才知・学識という学問が優れておっても、一箇の識、言い換えれば識見、あるいは見識、これがなくては天下の事は片づかない、裁けないことであろうと思いますと言う。ここはちょっとやっかいなところである。つまり識というものに、単なる知識と見識、あるいは識見というものがあることを知らなければならんわけである。知識というものは、われわれの理解力であるとか、あるいは思考力であるとか、どちらかと言えば頭脳の機械的な作用である。大学へ入って先生の講義を聴くとか、本を読むとか、いろいろの手段で取得できる能力。これは馬鹿でないかぎり、怠けないかぎり、いくらでもできるのであります。

　ところが、いくら知識を習得しても見識にはならない。見識とは判断力である。例えば情報というものがあるけれど、これは知識である。細かく言えば見識も入るけれども、ほとんどの情勢を観察して、それがわかることをまとめて提供するものであるから、情報はまず知識である。このごろは情報の氾濫《はんらん》である。政府としても内閣としても、例えば、外務省の情報部がある。警察の情報部がある。内調（内閣調査室）もあり、法務省には公安調査庁というものがある。その他民間にもいろいろの研究所があっていろいろの情報が集まる。私どものところにも、毎日のように新聞・雑誌・レポートなどいろいろの通信が、面倒くさくなるくらいあり、あらゆる情報が集まる。これはいろいろの問題に関する知識であります。

　その知識をいくら集めても、しからば、これはこうであるから、こうしようというのが判断である。しかしその判断が出てこない。情報を解釈し検討するところの、もっと別の能力に待たねばならん。これを見識とか識見というのであります。これはその人の体験とか英知に待たなければならん。だから知識とは比較にならない優れたものである。いくら本を読んで、知識を豊富に持っておっても一つも実際の役に立たんという学者がある。こういうのを迂儒《うじゅ》という。いろいろ知ってはいるが、意外に役に立たん、生きた解決にピタリとしないというのを迂と言う。だから儒者でも、物知りではあるけれども活きた学問にならんというのを迂儒という。学説の「迂説」という言葉はこれからくるわけです。

しからば、見識をどう養うか。それは、やはり人生の体験を積んで、人生の中にある深い理法、道というものがわからないと見識になってこない。余談になるが、私は珍しく親しい医者から懇請されて、専門の医者の集まりに出て、一夜、大変愉快な、有益な会談をしたことがある。そのときに、たまたま「人間とは何ぞや」という問題から、知識だの見識だのという問題も出た。話を聞いておった一人の医科大学の教授で、これは内科の大変な権威でありますが、しみじみと、

「このごろの医者は恐るべき堕落、あるいは危険をおかしておる。それは今日の医学技術が非常に発達をして、発達した結果、医道というものを失ってしまって、い

わゆる医者としての機械的な知識や技術になってしまっているためだ。せっかく患者が来ても、彼らをまずそれぞれの専門に回して、呼吸がどうだ、心臓がどうだ、尿がどうだ、何がどうだ、血圧がどうだとそれぞれの専門の係のところへ回して、データを採らせる。そうして、主治医は集めたデータで、この患者はここが悪いとか、何とか判断する。これは患者という人間を診ておるんじゃないんです。患者という単なる肉体を分解・分析的に診ておるにすぎない。ところが、人体というものは、機械じゃない。機械的に診ることはできるが、人体そのものは機械じゃなくて生命である。生命体である。だから、端的に言うならば、血圧にしたって、あるいは脈拍にしたって、あるいは血液すべてがこれは物質ではなくて、生命体であるから、それぞれの患者で皆違う。同じ肉体の中でも打診してみると、その日その時によって、音が違う。肝臓を叩《たた》いた音と、胃を叩いた音と、肺を叩いた音と、打診がすべて違う。病状によっても違っておる。人間の体を打診してみると、これは主治医が自ら多年の体験と英知とでそれを見分け聞き分けなきゃならん。

それを何もわからない助手なんかに十把一からげに機械的に調べさせて、そんなデータを集めて患者を判断するなんて、これは患者抜きの、要するに人間不在の医療だ。今日の医学は医学と言えるかもしれんが、少なくとも医療とは言えん、人をの医するとは言えない、医人じゃなく医物である。物を医しているのだ。まず今日の医療の改革をやろうと思うと、医とは何ぞやと、結局それはもっと突き詰めると人間とは何ぞや、生命とは何ぞやということを教えて、それからその人を初めて診る道に入れるので、それはまったく物質化し機械化してしまって、人間不在、生命抜きの医学医療になっておるから、恐るべきことである。今日のような医学校がこれ以上増えたら、おそらく医者によって人間は殺されてしまうだろう」

と、言うておりました。なんの道でもそうであります。

「一箇の識なくしては、天下の事は了得申さず候」、本当にそうです。例えばベトナム問題とは何であるか。ベトナムをどうすればいいかと、私のところにもうんざりするほど新聞・雑誌・レポートいろんなものが来ますが、どれもこれも似たりよったり。なかなか普通じゃない、識見の優れたものだと思う議論はほとんどない。すべて材料の寄せ集め、記録情報の収集羅列にすぎない。それよりも当局者が最も欲しておるのは、これをどうするかという見識なんです。見識がなければ、どうするかという決断にならない。はっきりと片づけることができない。善悪を分かつということもそうである。見識が立たなければ、善悪なんか分かたれない。また、分かってもそれから生ずる弊害、副作用を片づけることができないのであります。

しからば、識の進め方、そういう見識を進めるにはどうすればいいか。これは学問より外にない。かと言うて、いままでのような知識的学問ではだめである。体験の学、英知の学でなければならん。つまり長い目でずっと先を見る、という「見通し申す識なくして」、その場その場の理解じゃない、解釈じゃない、活きた先の先を見通すだけの識がなくては大事はできますまい。「鑒裁明断」とは、物事をよく鏡に照らすこと。そして明らかに断定していく。ただ知識、ただ人の話を聞いただけ、見ただけでは仕方がない。見識があって初めて鑒裁明断ができるんだと思います。

その手紙に対して述斎先生はこう返答しているのであります。

水　識は才学より上たること高諭の如し。識天分に得るあり。学に得るあり。一様ならず。天分識ありて学を兼ぬる人、大事を預けて断ずべく、百千年のことをも議すべし。天分たらず、ようやく学によりて識を得る人、当否に偏《へん》なる所あり。

＊

（水）見識というものが、単なる才能や通り一遍の学問などよりも優れているということは、ご高見の通りであります。しかしその見識も、生まれつき天分が優れている人もあれば、こつこつと学問につとめて培養する人もあって、一様ではありません。就中《なかんずく》生まれつき見識を備えていて、その上さらに学問を兼ねた人は、百千年にわたる天下の大事をも相談することができます。しかしながら、天分にはそれほど恵まれないけれども、努力を積み重ねて自己の見識をつくりあげた人物は、とかく偏見を免れず、善し悪しの判断に平衡を欠くところがあるものであります。

見識は才学より上、人間のいろいろな才というものは機械的なものだ。学というものも機械的なもの、普通の才・学は馬鹿でないかぎり学校へ入ってひと通り理解して答案を書けば資格は学士になれる。見識というものは、そんなものより上であることは高諭の如し。あなたのおっしゃる通りでありますが、ただ見識となると、「天分に得るあり。学に得るあり」、天分によって見識のある人があり、さらに、正しい意味の学問をして見識のできる人もあって一様ではないのであります。

先日、満州から帰ってきた人々の会があって、私も引っ張り出されて、一晩お付き合いをしたら、満州国の最後の総理大臣であった張景恵《ちょうけいけい》総理の話が出た。ご承知のように満州国出身の者を看板の上に据え、実際は皆日本から行った頭のいい役人たちが仕事をしたわりです。これらの人々は何かというと法律で引っかけるので「法匪《ほうひ》」と言われておった。彼らは明けても暮れても会議ばかりやる。議長は張総理である。わかったようなわからんような、起きてるのか寝てるのかわからんように茫洋《ぼうよう》として議長席にあって、さんざん議論させておいて、そして結局「議長」ということになると、眠そうな姿を「ウッ」と改めて、

「わしゃようわからんが、お前さんの言うことがいい。たしかにそれがいい」

と、いわゆる鑒裁明断をやり、ピタリと決まったという。こういうことで、あまり知識はわからん、法律の知識なんてない。しかし、見識はあるわけです。匪賊の頭目として独自の道を歩いて苦労し抜いてきた人物であります。日本人はシベリアへ多く連れていかれたが、いかなソ連人も申し合わせたように、この張総理には心服しておったそうだから、よほど出来物でありましょう。こういうのは、これは本当に体験からきた識で、大いに経験にもよるが天分がよほどあるのであります。

「天分識ありて学を兼ぬる人」、それへプラス学だという。「大事を預けて断ずべく、百千年のことをも議すべし」、そういう神のように百千年のことをも議すべきような人はめったにない。ようやく学問によって見識を得た人というものは、尊重

しなければいけないけれども、どうかすると、善し悪しに偏見がある。言われてみるとそうであります。

日本でいうと、これも満州の集まりで問題になったけれど、辻政信参謀はなかなか頭のいい気性の勝った人で、一種の見識を持っていたが、人間が非常に偏向していたとよく当事者が述懐しておった。やはり性格の反映でありましょう。だから、人を用うることはむずかしいのであります。

◆君子小人の使い方

雲　人材賢なるものは委任して宜《よろ》しく候えども、其他《そのた》の才ある者、或は進め、或は退《しりぞ》けて、駕御鼓舞《がぎょこぶ》するの術ありて人を用いざれば、中興《ちゅうこう》することは能わざることと存候。時によりて張湯《ちょうとう》・桑弘羊《そうこうよう》も用いずして叶わぬこともこれ有るべくと存候。

水　一才一能もとより棄つべからず。駕御其《その》道を得るときは張桑用うべく勿論に候。然《しか》れども我は駕御致しおおせたりと存候て、いつか欺誑《ぎきょう》を受け候こと昔より少からず候間、小人の才ある者を用い候は、我手覚えなくては妄《みだ》りには許しがたく候。

＊

（雲）見識と度量を兼備した人物ならば任せてもよろしいが、その他のいわゆる才人・才子に対しては、時としては任用し、ある場合には遠ざけるというように、彼らを統御するにはよほど手段を考えて使わないと、いったん衰えた国運を再び興隆にもっていく、いわゆる中興することは不可能かと存じます。それでも、時と場合によっては張湯や桑弘羊のような奸人・姦物でも、用いなければならないことがあるのではないでしょうか。

（水）時勢の如何によっては、たとえ姦物であっても、一才一能のある人材を見棄てることはできません。駕御よろしきを得れば、張・桑のような輩《やから》でも使わなければならないことは勿論であります。しかしながら、自分は駕御しているつもりでも、いつの間にかまんまと誑《たぶらか》されていたということは、昔から先例が少なくありませんから、小人の才子を用いるには、よほど腕に覚えがありませんと、無警戒であっては危険なことであります。

述斎先生曰く、「才一能もとより棄つべからず」。しかし、自分が使いこなしているつもりでも、まんまとしてやられるということも少なくない。だから小人の才ある者を用いるには、よほど自分の腕に覚えがないと失敗しますぞと。この張湯・桑弘羊は、『史記《しき》』列伝などに出ておる。ともに漢《かん》の武《ぶ》帝のときに仕えた非常に役に立つ人物で、張湯は司法官、司獄断罪の才としてその長官である大中大夫《たいちゅうたいふ》になっておる。桑弘羊は非常な財政家で、理財算数に長《た》けて大蔵大臣のような職にもついた。ともに才術あって有能な人物であった。しかし甚だ精神、心がけがよくなかった。姦物《かんぶつ》であったとして『史記』に名高い、歴史に知られた人物である。時勢のいかんによっては、こういう人物も使わなければならない。ただ、間違いのない立派な人物はそうあるものでない。また、時と場合によっては、立派な人間でもどうにもならんこともある。こういう隅におけん人間も使わなきゃならんこともあるじゃありませんか、と。まことにその通りであります。しかし、自分が使っておるつもりで、実は騙《だま》されておるということもありますから、よほど腕に覚えがないとそれは危ないですよ。こういう議論であります。なかなか活きた面白い議論であります。

そこで、「君子小人の使い方」ということになるのであります。

雲　君子小人の使いかた勿論別段と存候。

(雲)君子と小人の使い方は元来、区別があるかと思いますが……。

＊

君子・小人の別というものは、学問上いろいろ議論があるけれども、ごく原則的な分け方をすると、人間を才と徳とに分ける。徳というものは、その人の身についておる一番な大事なもの。それに対する、いろいろな頭の働き、腕の働き、能力は才である。この二つを人間の要素とすると、どちらかと言えば、才が徳より勝っておるタイプの人間は小人。徳が才より勝っておる型の人間を君子という。これが君子・小人の別の一番根本的な簡単な分け方であります。

例えば幕末で言えば勝海舟などは、どちらかというと大変な徳も持っていた人だけれども、才のほうが勝っておる。ところが、西郷南洲《なんしゅう》という人になると、これは徳のほうが才より勝った人である。したがって西郷は君子、勝は小人。小人というと大変に悪い言葉のように聞こえるが、本来はそうでもない。大徳・大才を持っておるが、大才のほうが大徳よりも優れておるという大小人、偉大なる小人のことであります。ケチな徳とケチな才しかないなら、ケチはケチでも、徳のほうが勝ってもケチな君子となるから、一概に小人が悪い、君子がどうというわけではない。いずれにしても、大小・凡非凡にかかわらず、根源的に分けるとこうなるが、その後だんだん小人は悪い、君子と言えばいいというふうに簡単に分けられるようになったのであります。

「君子小人の使いかた勿論別段と存候」、同様には扱えないのではないか、という質問に対して、述斎先生が、

＊

水 威恩並び施すは人君の道、一偏《いっぺん》に靠《よ》るべからず。

(水) 威厳と恩情と、いわゆる威恩並《なら》び行うのが人君の道でありまして、どちらかに偏《かたよ》ってはいけません。

と答えております。「威恩並び施すは人君の道」、威厳と恩情と、威と恩と並び施すのは人君の道であるが、偏ってはいけません。

雲 君子は平生恩を施して、偶々《たまたま》厳を以て御《ぎょ》し申すべく候。小人は平生厳を専《もっぱ》

らとして、偶々恩を施して怨《うらみ》に遠ざけ申すことやに存候。小人は姦邪《かんじゃ》を申す謂《いい》に候。

水　小人を待つに威を多くし恩を少くするは甚だ好し。

＊

（雲）君子に対しては平生から恩情を主として接し、稀《たま》に威厳をもって駕御するがよろしいかと存じます。一方、小人には平生もっぱら威厳をもって臨まなければなりませんが、ときには恩情を施して、怨みを避ける心構えが必要かと存じます。とかく小人は姦邪――悪賢くて心のねじけた者が多いからであります。

（水）小人を遇するには威厳を主として、稀に恩情を施すというお考え、大変結構です。

同じようなことが西郷南洲の『南洲翁遺訓』の中にも見えるが、これは南洲先生独特の意見ではなく、前々からある通念であります。賞　褒美を与えることと、官・地位を与えることと、褒美に二つある。役に立っても性質の良からぬ徳のない者には、褒めなきゃならんときには、思い切って賞をやれ。それに地位を与えてはいけない。地位というものは、少々才能が足りなくても、やっぱり徳のある者に与うべきである。こういうのが『書経』以来の人を報奨する原則になっておる。これは日本でも朝鮮でも満州でも、政治学・行政学の一原則になっておる。そして政治というものは、常に小人をどう御するかということが問題だというのです。いまの日本でもそうで、良民は別に何も問題でないが、どうにも始末のいかん、偏向した人間や無軌道な人間、つまり小人をどう始末するか、今後の日本の厄介な問題、ことに内閣・与党の大問題であります。

ところが、白雲山人曰く。

雲　小人を御すること、余りその罪を責むる時は害必ず生ず。罪服するには小《しょう》過《か》ありとも罪の発するを待ちて可なり。易に革面《かくめん》又は不悪而厳とあり。名言と存候。

水　獣窮《じゅうきゅう》なお戦う、況《いわ》んや人をやと申したる通り、勢《いきおい》に候もの。仰《おお》せの如く御《ご》尤《もっと》もに存候。

＊

（雲）小人を使うにあたっては、あまり罪を責めすぎますと必ず弊害が生じます。たとえ罪を犯しても、自分の罪過を納得して罪に服させるためには、少々の過ちがあっても、すぐに咎めないで、罪が外面に表れるまで待ってやるのがよろしい。『易経』の革の卦《か》に「小人革面」という語があって、「順を以て君に従う」と説いている。ある時期がきて、これはいけないと気がつくと、利にさとい小人は敏感に態度を改めて、おとなしく上に従っていく。また『菜根譚《さいこんたん》』に「小人を待つは厳に難《かた》からずして、悪《にく》まざるに難し」とある。憎んではいけません。いずれも名言であります。

（水）追いつめられると、獣ですら反撃します。まして人間にあっては当然のことでありえます。あまり苛酷に罪を責めると弊害を生じるとのお言葉、ご尤もであります。

少々の過ちや咎《とが》があっても、罪の明らかに外に出る、罪の発するのを待って可である。待ったほうがよろしい。あまり突っついてはいけない。自然に発する時期を待たなければいけない。これは病気の治療も同じことです。病気を診察して、あまり早く攻めるといけない。自然に誘発してそれを処理するようにしていかなければなりません。経験を積んだ老医は病に逆らわんでうまく病を治める。せっかちの医者、経験の足りない医者はすぐ局所投薬をして、やり損なう。医療界の問題になっているのは放射線治療です。例えば、がんだというので放射線をかける。コバルト照射をやる。たしかに一時は効く。ところが、半年か一年すると、必ず放射線がんというものになる。それでいま、専門家の間で大変問題になっておるが、ちょうどこれと同じで『易経』に、「革面又は不悪而厳」、悪《にく》まずして厳とある。「名言と存候」と感心しているのであります。

それに対して述斎先生が言う。「獣窮なお戦う」、追い詰められた獣というものは、かなわんと思ってもなお戦う。「況んや人をやと申したる通り、勢に候もの」、窮《きゅう》鼠《そ》猫を噛《か》むというのも同じこと、まして人間である。勢いというもので、「仰せの如く御尤に存候」。

「小人革面」とは、従順に君に従うておるが、ある時期が来て、これはいけないと思うと利にさとい小人はすぐ態度・顔を改める。上っ面を変える、看板を塗り替える。そして大人《おとな》しくついていく。だから、時勢が改まると、小人は敏感に上に従っていくことをいう。これはもういまのジャーナリズムを見ておるとよくわかる。時勢の変化に非常に敏感であります。だから、世の中が少しだらしなくなって、政府が迎合的になると、もうすぐにつけあがる。ところが少し支配階級・政府が峻厳《しゅんげん》になってきて、やるなと思ったら、この連中はすぐに看板の塗り替えをやってついていく。政府が一つの確信を持って、こう行くんだと本当に打ち出したら、日本のマスコミ・ジャーナリズムはぐっと変わる。ただこうした活きたやり取りが、現実の政治家たちがどこまでできるかということです。

『菜根譚』に、

「小人を待つは厳に難からずして、悪まざるに難し。君子を待つは恭《きょう》に難からず、礼あるに難し」

と名高い言葉がある。まったく小人には、悪まずして厳でなければならん。人間ですから悪んではいかん。また『易経』の遯《とん》の卦にも「天山遯《てんざんとん》」という卦ですが、天が上で山が下、すなわち天山遯で、天は父、山は一番末の息子と、父の下に末の男の子がいる形とみることもできる。父がそういう子供を育てるのには、いくら性質がよくない子供でも悪んではいかん。包容して、しこうして狎《な》れさせず、厳格にしつけなければならん。君子の小人を待つもこれに等しい。一緒になって狎れてしまったらいかん。といって悪んではなおいかん。悪まずして厳というのは、人の上に立つ者の非常にむずかしいところであります。

いままで学校教育こそが教育だと思っておったが、しかしこのごろはヨーロッパでもアメリカでも、教育は学校がやると思っているのは、よほど後《おく》れた人間であり

まして、あらゆる教育家・教育学者は、

「教育はやっぱり家庭教育である。学校教育は家庭教育でできたものを受け取って、これに手入れをするところだ」

と考えている。日本のように、教育と言えば、子供をどんな手段を使っても学校へ入れるんだと考えているのは、文明国ではよほど後れておる。このごろの父兄、特にお母さん、教育ママの教育に対する誤解・錯覚というものは、もう弊害にたえん。恐るべきものがあるのであります。

それは別問題としまして、家庭教育で一番大事なものは「悪まずして厳」ということであります。教育となると、真剣になればなるほど子供の欠点がわかるから、どうしても親しいほど腹が立ったり悔しくなったりする。そこで教育に熱心な親ほど、特に父親は性急である。どうしても子供を叱《しか》る。そこで感情が複雑になってくるから、愛情よりは憎むという、愛憎という感情が動いてくる。少なくも子供はそう受け取る。そして子供は非常にひねくれる。だから孟子のようなやかましい人でも、教育に関して、「父子の間は善を責めてはならん」と言うておる。善を求めて相手を責める、こうしなきゃいかん、なぜしないかと、善を責めるといかん。善を責めると子は父から離れる。親子の間、父子の間が離れるほど不祥なことはないと孟子は論じておる、まことにその通りであります。

そこで、しからば親父はどうすればいいかというと、聖人もお互い同士の子供を取り替えて教えた。そこに師友、師と友の大事な意義がある。良い師につける。良い友を与える。そして親は、悪まずしてしかも厳である。厳とは、子に厳しいことより自己に厳しくすること。子供に親らしくない、父らしくない姿を見せないことが大事だと言うておるのであります。これが世界先進国における現代教育学の通説です。もう子供の教育は母だなんていう時代は過ぎておる。そんなこと優れた教育学者・教育家はもう言いません。やっぱり父だと言っている。だから教育パパにならないといかんのであるが、どうも日本はまだ教育ママの時代で、一時代後れておるのであります。

◈小人の術を善用

そこで次にもう一つ。

雲　治国の法いか程《ほど》骨折候ても、多少の中《うち》いずれ弊あることに存候。とても全く弊なしには天下の大事、中々左様の理《ことわり》はこれなく候。

＊

（雲）国を治める手段や政策というものは、どれほど骨を折りましても、多岐にわたる国政全般の中には、弊害もないことはありません。国政は天下の大事でありますから、どれもこれも完璧でまったく弊害がないというわけには参りません。一家くらいならまだいいが、治国となると、どんなに骨を折ってもどうしても多少の弊害は免れん。天下の大事なかなかそうはいかん。それに対して述斎先生が、

水　僕昔言《げん》有り。云《い》う、天下の事、弊無きの事無し。弊寡《すくな》きの事を選んで以て措置すれば、則《すなわ》ち定めて善治となさん。天下の人、過無きの人なし。弊寡きの人を選んで以て任ずれば、則ち賢才を得るに近しと。又此《こ》の意思なり。

＊

（水）昔、私が言った言葉があります。すなわち天下を治めるには、少しも弊害を伴わないような政策などあるものではない。それゆえなるべく弊害の少ないものを選んで処理すれば立派な政治と言える。天下の人には過ちのない人などあるも

のではない。そこでなるべく弊害の少ない人材を選んで委任すれば、才識すぐれた賢人に委任するのと大差がない、と申しましたが、それはこのことであります。

と、全然弊なしというわけにはいかんから、なるべく弊の少ない小さなものを一つ選んで処置すれば、良い政治・立派な政治と言えるでしょうと言う。世の中の人間、過ちがないという人はいない。だから、なるべく弊害の少ない人を選んで任せると、賢い人を選んで任せたのと大差がないと言ったことがあるけれども、それはこのことでありますと答えるのであります。

雲　仍《よ》って一つの弊の小なることを残し置き申候て致し申すことやに存候。小弊除き申候と大弊生じ申候。左《さ》まで害なき小弊を残し置き申度《たく》、余の大弊を除き申候時は、小人も身を隠すに所ありて乱に及ばず。

水　此処、甚だ深意有り。

雲　しかも大弊の出《いだ》さぬ計策にやと相考え申候、此段とくと御味《おんあじ》わい之れ有り度候。

水　妙々《みょうみょう》。

＊

（雲）そこで、多かれ少なかれ弊害を免れないのであれば、弊害の小さなものは細かく追及しないで見逃しておくのがよいかと存じます。小弊をあまり詮索しますと、かえって大弊が生じるものです。だからそれほど実害を及ぼさない小弊は、そのまま残しておきたいのです。大弊を取り除くときには、片々たる小人たちも身を隠し、息をつけるところができて、乱を起こすまでに至らぬものであります。

（水）そこのところ、まことに意味深長です。

（雲）そういうわけで目下、大弊害を出さぬ計略《はかりごと》はないものかと思案の最中であります。一つこの点をとくとご吟味いただきたいのです。

（水）いやはや、まことに感服のいたりです。


綽山《しゃくざん》侯が言う。あまり重箱の隅をきれいにつつかない。多少の弊害は残しておる。その小弊を突っつくと、かえって大弊が生じます。それほど害のない小弊を残し置き「余の大弊を除き申候時は、小人も身を隠すに所ありて乱に及ばず」、なかなか老練であります。あまり明々白々、隠れ家がないようにすると、かえって大弊ができる。つまらん人間も身を隠すところがあると、どこかで息がつけるし、そうすれば、乱には及びません、と言うのであります。

名高い『老子』にも「大国を治むるは小鮮《しょうせん》を烹《に》るが若《ごと》し」とあります。小鮮というのは小魚、大国を治めるには、小魚を烹るようにすべきものだ。つまり、小魚を烹るのにあまり引っかき回したら、頭もしっぽも取れちゃう。そっと烹る。大国を治めるにも崩さんように、善は善なり、小は小なりに存在できるようにしてやらなきゃならんという意味であります。そして、それだけではいかんので、「大弊の出さぬ計策にやと相考え申候、此段とくと御味わい之れ有り度候」と追加して同意を得て、述斎先生も「妙々」、感服至極でありますと答えている。考え方を支持しておるのであります。

雲　奸智《かんち》の人悪事を為すに、譬《たと》えば五なさんとするに先《ま》ず十と云《い》う。君子これを争って五にするも、すでに彼が術中に落ちて然《し》かも知らず、其《その》術巧《たくみ》なりと云うべし。今それを善道に翻《ひるがえ》して、好事《こうじ》を斯《か》くの如く行わば、其益最も多かるべし。

水　此説非なり。君子小人は氷炭薫蕕《ひょうたんくんゆう》、いかように為《な》しても合いがたし。小人智術を設けて君子を待つ時、君子も其術を仮《か》りて彼に勝って善事を為さんとする時は、君子にして小人の術を用ゆるなり。事の善悪は逕庭《けいてい》なけれども、心術既《すで》に正しきを失い候。さあれば、たとえ一旦《いったん》細大のことは為し得べけれども、恒久にすべき道に非ずと申すべし。

*

（雲）悪智慧にたけた者が悪事をはたらくときには、たとえば五つのことをやろうとして、最初に十のことをやろうと吹っかけるものです。そこで君子が彼らに抗争して五つに戻しましても、彼らはもともと五つなせばよいと考えていたのですから、実は奸人どもの術中に陥っていたのであります。にもかかわらず、君子は奸人どもにたばかられたとは気がつきません。それほど彼らの詐術は巧妙なものです。そこで君子が逆に奸人の奸智を転用して、善事を行わせるならば、その益は測り知れぬものがありましょう。

（氷）そのお考えはいけません。元来、君子と小人は白（氷）と黒（炭）、よい香りと悪臭とのように相反するものであります。どんなに手を尽くしても、うまくゆくものではありません。そもそも小人が作戦をたて、罠《わな》を仕掛けて君子が引っかかるのを待ちかまえているときに、君子のほうも小人の詐術を逆用してその上を行き、善事をなそうとすれば、それは君子でありながら小人の手練手管を使っているのです。為《な》そうとしていることの善悪は大して違いませんが、すでに事に処する精神（心術）が正しさを失っているのです。でありますから、たとえいったんはなにがしかの成功をおさめたとしても、そういうことはいつまでも通用する正道ではないのであります。

もう一つ、綽山侯が「奸智の人」、悪いやつは五つしようというときに、まず十とふっかけてくる。それはひどいと、半分にせいと言う。仕方がありません。それに服したように見えるが、実はちゃんと彼の術中に落ちて目的通りやられておるので、「その術巧なりと云うべし。今それを善道に翻して、好事を斯くの如く行わば、其益最も多かるべし」と言う。

これに対して、述斎先生は「此説非なり」、その考え方はいけません。「氷炭薫蕕」とは白（氷）と黒（炭）、香り（薫）と悪臭（蕕）のように甚だしく相違することの譬えであります。小人の道と君子の道とは、これははっきり違うので、君子は真実の正しきより行う。形の上、手段の上の問題ではありません。手段に馳《け》せてはいけません。これはたしかにそうであって、君子と小人とが手段・方法の上で争ったら君子が負ける。この善と悪との根本的に違うところは、悪というものは非常に攻撃的です。人体の働きでもそうです。病気でもそうです。悪の力というものは非常に積極的であり、攻撃的であるし、そしてまた非常に力を合わせて攻撃してくるんです。

一方、善の善たるゆえんはまず己に返り反省するところにある。反省すればどうしても引っ込み思案になる。待機的になる。言い換えれば見物的になる。孤立的・退嬰《たいえい》的・傍観的になる。悪は非常に積極的・攻撃的・団結的、利の前には団結的になる。悪人は一人でも悪党と言う。ところが善党という言葉はない。善人という言葉しかない。だから悪党と善人が喧嘩《けんか》するといっぺんに善人は負けてしまう。負けられないというので善人が集まって、盛り返しをやる。しかしそのためには、大変な犠牲を払ってやっと悪党を誅伐《ちゆうばつ》し、その結果、めでたし、めでたしと、これは昔からの物語の筋書きになっておるのであります。

ところがここに、科学技術というやつが、悪党にえらい手段を与えた。昨今では、ヨーロッパやアメリカの批評家に言わせると、ミッドウェー以後、先制攻撃をかけられたアメリカが盛り返しをやった。けれども、あれ以後はしたたかな先制攻撃をかけられたら盛り返しがきかんと言う。だから、昔の物語は善人が勝ったけれど、これからは善人が負けたら負けっぱなしだ、それでアメリカがやきもき気をもんでおる。これが今日の先端の議論であります。政治家や特に武力を持った人が、考えを思い切って改め、徹底的な人類救済会議、世界平和会議でもやり、そして軍縮どころか武力放棄ということまでやる時期にいかんと、人類は大災厄を受けると思う。宇宙開発を地球開発にしなければならんと思う。宇宙開発というのは実は宇宙を利用して敵国を壊滅させるための研究であるから、宇宙の平和利用条約なんて結ばれたけれど、あれは一番恐るべき条約であります。

私はこのごろ、政治家や外国から来る論客に対して、宇宙開発はもういい、地球開発に一つ変えようじゃないかとしきりに提案しておる。技術や手段方法じゃなくて、いまや人間の心の問題、政治家の心の問題、道徳の問題になってきたと思うからであります。

第四章

失敗と工夫

◈仕損じの跡のしまり

雲　英雄豪傑、一旦は事を済《な》し申候えども、終《つい》に敗れ申候。

水　其の原《もと》は不学に出ず。

雲　治国の果は慰みにてはこれ無く。

水　語、病あり。

雲　一人の存念より万人の苦楽に相成申す間、右の処とくと相考え、事を済し申すも、仕損じ候時の跡の取りしまりを付置《つけおき》申候ことと存候。俗に申候、尻《しり》のつまらぬと申様にては相成らざることに候。漢武の事を済し申候ことなど、後来《こうらい》に至り取治め宜《よろ》しく、社稷《しゃしょく》の為を仕《つかまつり》候ゆえ、愛する所の鉤弋《こうよく》をも殺し申候。跡のしまりなく大事を企て申候ては、却《かえ》って国の害を生じ申すべく存候。

＊

(雲)　英雄豪傑は、とかく一旦は成功しますが、最後の段階で失敗するのは何故でしょうか。

(水)　その原因は学ばないからであります。

（雲）そうは申されますが、一国の政治というものは単なる慰みごと――道楽とは違って、現実の成果が問題なのですが……。

（水）その〝慰み〟という言葉には語弊があります。

（雲）国政は為政者一人の考えが万民の苦楽につながるものでありますから、ここのところを熟慮して、政策をするにあたっては、失敗したときの収拾策を予《あらかじ》め定めておくことが大切かと存じます。俗に言う尻のつつまらぬ――だらしなくて抜けっぱなしであってはなりません。漢の武帝の治世をみても、国家の行く末を考えて、そのために愛する鉤弋夫人をも自決させたわけであります。あと始末を考えないで大事を考えると、かえって国の大害を惹《ひ》き起こすに至るかと存じます。

「仕損じの跡のしまり」について、板倉綽《しゃくざん》山侯すなわち白雲山人が曰《いわ》く、「英雄豪傑、一旦は事を済し申候えども、終に敗れ申候」、いったんは成功するが、結局は失敗します。

それに対して林述斎先生は「原因（原）は不学にある」と先生らしい結論を与えておる。綽山侯「いったい、国を治めるということを突き詰めると、これは慰めじゃない、道楽じゃない、真剣なことだ」と言う。しかし述斎先生は「語、病あり」、

「慰めにてはこれ無く」なんていうのは、いささか言葉に弊害（病）があると言うたのに対して、畳みかけて白雲山人は言います。

政治というものは、政治に携わる者の「存念」、つまり思いつき・心がけによって、多くの人間の苦しみにも楽しみにもなるのですから、「仕損じ候時」、失敗したときの「跡の取りしまり」、あと始末をどうつけるか、きちんと決めておかねばならんと思います。俗に「尻のつつまらぬ」と言いますが、だらしなく開けっぱなしではいかん。いわば下痢のようなものではいかん。尻がしっかりと締めくくりがついておらなければいかん。あるいは腹ができておらなければいかん。漢の武帝は、国家・社会（社稷）のことを考えて、そのために愛する鉤弋をも殺しました。

「鉤弋」は漢の昭帝の母、姓は趙《ちょう》氏、武帝の夫人にあげられてその功を得たが、後に過ちがあって帝の譴責《けんせき》を受けて没した。昭帝が位に就くに及んで追尊《ついそん》して皇太后とした。この鉤弋ばかりでなく、女が政治的に権力をふるうという例がよくあるが、政治哲学から言うて、最もいけないことの一つで、亡国的な問題として取り上げられるようになっております。

鉤弋夫人は、武帝の寵愛《ちょうあい》を受けた姫であるが、お腹に初めて王子ができて、これが漢の八代目の昭帝である。初めて跡取りができておめでたいということになったが、これが跡を継ぐと鉤弋夫人は皇帝の母親、つまり皇太后になるわけです。それで鉤弋夫人の居室に入る門には堯母門《ぎようぼ》という名がついたほど尊重された。これがまた伝えるところによると、なかなかお産ができなくて十四カ月かかって生まれたと言われておる。よほど偉人になるだろうと大変に期待された。そうするとその母である鉤弋夫人は権力を握ってどんなわがままをするかも知れん。だから将来の皇帝のために不愍《ふびん》ではあるが自決させて、雲陽宮という所に葬ったという逸話があります。

いまから考えるとずいぶんむごいことでありますが、寒くなるとよく思い出す「五寒」という言葉がある。これは前漢の劉向《りゆうきよう》という大学者・大政論家の言葉で、彼は『説苑《ぜいえん》』という書物の中で、国家の滅びる徴候としてこの「五寒」を挙げています。

国に「五寒」有り。而して冰凍《しこうひようとう》は与《あずか》らず。
一に曰く、政外《はず》る（政治のピントがはずれる）。
二に曰く、女厲《はげ》し（女が荒々しい、出しゃばる）。
三に曰く、謀《はかりごと》泄《も》る（国家の機密が漏洩《ろうえい》する）。

四に曰く、卿士《けいし》を敬せずして政事敗る（識見・教養がある者を大事にしないで、無責任な政治をやる）。

五に曰く、内を治むる能《あた》わずして而して外を務《つと》む（国内の目をあざむいて、国民の目を外にばかり向ける）。

この五者一たび見《あらわ》るれば、祠《まつ》ると雖《いえど》も福無く、禍を除けば必ず得、福を致《まね》けば則ち貸《たが》う。

人間は努力するけれども、ピントが外れることが時々あります。なんぼ努力しても何にもならん。いわんや政治となるとずいぶんピント外れが多い。これが一寒。第二寒に「女厲《じょれい》」という言葉を挙げておる。「厲」という字は荒砥《あらと》であります。荒々しいとか、あるいは病的であるとか、エキセントリックであるという意味に使われる。それから「謀」、はかりごとの漏《も》れるが第三寒。いまの日本の政治なんか実に甚だしい。スパイ天国と言われているくらいで、例えば、閣議なんかもう筒抜けに漏れておる。それから、第四が「卿士」、つまり立派な支配階級・首脳階級の人たち。これを尊敬しない。識見があり教養があるエリートたちを少しも大事にしないで、そして無責任な政治をやるという意味である。第五が、内を治めることができないで、外を務める。国内の目を瞞着《まんちゃく》して、国民の目を外にばかり向ける、これはロシアや中国がよくやってきました。

こういうことを「五寒」と言って、これが外に現れるようになったらロクなことはない。あらゆる不祥が飛び出してくる。行わんとすることがみな逆になると劉向先生は痛論しておるんであります。その中に「女厲」という言葉が入っておる。漢の武帝は愛するところの鉤弋も殺した。「跡のしまりなく大事を企て中候ては、却って国の害を生じ中すべく存候」、ものの決着、しめくくりをピシッと付けないと国の害を生ずる。まったくその通りであります。

これに対する述斎先生。

水　天下の事は、始有りて終り無き者多し。結局を其の始に定むること最も要緊《ようきん》と為《な》す。

＊

（水）天下の事は、最初はうまく行くのですが、終わりを全うしないものが多いようです。何事も初めにどう決着をつけるかを決めておくことが大切なことです。

天下の事は、どう結末をつけるか初めにちゃんと決意しておくということが大事である。実にいい問答であります。

雲 英雄は事を仕損じ申候節、直《ただち》に仕損じ中に人を服すること往々之《こ》れ有り。唐の太宗高麗《たいそうこうらい》征討の節。

水 英雄、英雄を識るの論。

雲 不利にして帰路戦死の屍《しかばね》を臨み、号哭《ごうこく》仕候などの類に候。

水 太宗の品評的切。

＊

（雲）英雄は失敗したときに、どう対処したか、そのときの対応如何《いかん》により、さすがと人を感服させることがしばしばあります。唐の太宗が高麗征討の際などがその好例です。

（水）それこそ英雄、英雄を識るというものであります。

（雲）戦い利あらずして帰還する途中、戦死者の屍《しかばね》に対して慟哭《どうこく》したことなどがそれであります。

（水）太宗に対する評価、まことに適切です。

仕損じたとき、英雄はその失敗の始末をつけるが、そこに「さすが」と人を感心させることが往々にしてありますね。実例を言うと、唐の太宗が高麗を征討したときなどはまさにそれであります。唐の太宗と言えば日本でも『貞観政要《じょうがんせいよう》』で名高いが、その「仁惻篇《じんそくへん》」の「貞観十九年（六四五）太宗高麗を征するの条」に曰く、「大軍回《かえ》って柳城に次《じ》する（宿泊）に及んで、詔して前後戦亡人の骸骨を集め、大牢（牛・羊・豚の三種の犠牲を具《そな》えた饗宴《きょうえん》）を設けて祭を致す。親しく之を臨哭《りんこく》して哀を尽くす。軍人泣《なみだ》を灑《そそ》がざるなし。兵士祭を観る者、家に帰りて以て其の父母に言うて曰く、吾《わが》児の喪、天子之を哭す、死するも恨む所無し」

とあります。『貞観政要』は全十巻。唐の太宗が群臣と政治上の得失を問答した言を収録し、治道の要諦《ようたい》を説いた書であります。日本では源頼朝が大変に愛読した本で、平政子《たいらのまさこ》がこれを出版しておる。その後、徳川家康が頼朝に非常に学んだ人であって、『貞観政要』をやっぱり勉強しております。

「不利にして帰路戦死の屍を臨み、号哭仕候などの類に候」はこのことを言うておる。述斎先生もまた「英雄、英雄を識るの論」と持ち上げておる。そして、「太宗の品評的切」、まことにいい例を引例されたと感心しているのである。いい話です。

人間は失敗したときにうろたえるようなことではだめであります。できた人は、成功したときよりもむしろ失敗のときの始末のほうが立派である。よく人物と平生の修錬・教養が表れます。

◈軽率の益・精細の害

雲 古今の人軽率に敗るることを知って、その軽率の益多きことを知らず。精細の益多きことを知って、しかも精細の害甚だしきことを知らず。大事を做《な》し出さんとする者は、謀《はかりごと》に精細にして、行に軽率なる可《べ》し。独り大事のみに非《あら》ず。凡《すべ》ての事斯《かく》の如し。

水 軽率の字病あり。濶略《かつりやく》に易《か》うべし。是《これ》は今人《こんじん》頂門の砭針語《へんしんご》に候。

＊

（雲）古来、人々は軽率により失敗することはよく知って居りますが、その軽率の中にも益があることを知りません。細かいところにも行き届く、精細に益が多いことは知っておりますが、精細の害が意外にはなはだしいことを知りません。大事を成そうとする者は、謀りごとは細かいところまで稠密《ちゆうみつ》に巡らしますが、いざ実行という段階には、躊躇《ちゅうちょ》しないでさっさと断行せねばなりません。これは大事だけに限りません。万事この通りであります。
（水）軽率という言葉には語弊があります。これは大まかで、こせこせしない——濶略という言葉に換えられるがよろしい。これは頭の天辺《てっぺん》のツボ、百会《ひゃくえ》に鍼《はり》を打つような痛切な戒めの言葉であります。

綽山侯はなかなか隅におけん人でありまして、逆手をとることの名人で、これなども実におもしろい。人間は軽率だとかく失敗しやすい。これは皆知っておる。ところが、その軽率の益多きことを知らん。害ばかりじゃない、軽率にもたくさんの益がある。同様に、精細の益多きことを知って、しかも精細の害が多いことを知らない。細かいところまで行き届くことはなるほど大変益が多いが、同時にこれは害も多いのである。そして「大事を倣し出さんとする者は、謀に精細にして、行に軽率なる可し。独り人事のみに非ず。凡ての事斯の如し」と言う。謀は精細、あらかじめ研究しておくことは精細にしたことはない。しかしいよいよ実行するとなったら、これはもうさっさとやるべきです。

述斎先生がこれに対して「軽率の字病あり」、軽率というのはちょっと病があります。それは「濶略に易うべし」と答える。軽率と申しては穏当でありません。濶略と言うのです。これは熟語の問題である。しかし、「是は今人頂門の砭針語に候」、これは頭のてっぺん（頂門）のツボに鍼を打つような痛切な戒めの言葉である。頂門には「百会」（体内のいろいろな機能が集まっている）という灸点《きゅう》があります。漢方医学では、頭の皿の合うところで、ここに灸をすえると肛門がきゅっと締まる。だから脱肛を治療するのにいい。私も脱肛で困っている幾人かをこれで助けてやりまして、実験をしておる。よく効きます。尻を締めるのに、頭のてっぺんにお灸をすえるなんて、これは非常におもしろい。上がっとるやつを下げてやるのに、頭のてっぺんにお灸をすえるのだ。剣道なんかでも、腹の具合が悪いときなどに、お面をピシッと一つやられると、腹がしゃっと締まる。気持ちいいものであります。これも後になって初めてわかったけれども「百会」の作用だと思う。尻の始末をつける。このごろの政治家でも大学の先生でも管理職でも、どうも尻の始末が悪い。ああいうのは、頭のてっぺんに一つ衝撃を与えるのがいい。

雲　分別《ふんべつ》致《いたし》候ほど好《よ》きことは無けれども、又今日の上にては分別者ほど事を成すことなし。故に無分別ほど好き者はなしと存候。無分別にては、大抵のことは押付け申候。小了先年木曾道中を過ぎて、桟道《さんどう》の険を早天《そうてん》に過候ときは危《あやうき》を知らず、白日に過ぎるときは恐懼《きょうく》の心甚し。分別無分別の儀これにて解り申候。然《しか》し其《その》無分別に仕方あり。事に臨みて分別を尽して後、無分別を出《いだ》すべしと存候。聖人は芻蕘《すうじょう》の言を聞いて後、断ずるに大公至正《しせい》の心を以てすと存候。

＊

（雲）世の中の道理をわきまえること（分別）は結構ですが、一方、いまの世の風潮をみますと、いわゆる分別者、あまりに分別臭い人間ほど実行力がありません。それゆえに私は無分別ほどよい者はないと思います。無分別であれば、たいていのことは押し切ってやり通すことができるものであります。先年、私は木曾街道を通りましたが、早朝に絶壁にかけられた桟道を通ったときは、まだ暗くて少しも危険を感じませんでしたが、明るくなって昼間に通るときは恐ろしくてなりませんでした。これで分別と無分別の違いがよくわかりました。しかしその無分別にもやりようがあります。事に臨んで事前によく考え、分別を尽くして、しかる後に初めて無分別にやるべきであると思います。聖人は草刈りやきこりのような卑賤《ひせん》な者の言もよく聞いて、しかる後に大公至正の精神をもって物事を断行したと存じます。

これは綽山侯の「分別・無分別」についての見識である。今日、日本の政治家などを見ておると分別者ばかり揃《そろ》っておる。「事を成すことなし」である。「聖人は芻蕘の言を聞いて後、断ずるに大公至正の心を以てすと存候」と締める。「芻蕘」の芻は草刈り、蕘は樵《きこり》のこと。聖人は断ずる前には草刈りや樵、すなわち野人の言もちゃんと参考に入れて、そうして大公至正の心をもって勇敢にこれを断定する。これは、四書五経のなかの名高い『詩経』「大雅篇」の中にある有名な言葉、「先人言あり。芻蕘に問う」を引用したものであります。

次は「内冑《うちかぶと》を見せて懸かれ」ということ。実におもしろい話であります。

雲　凡《およ》そ人は余りと疑い申候ては、ことを做《な》し得申さず。疑うべきものを疑い、あとは豁然《かつぜん》たるべく候。尤《もっと》も疑《うたがい》というものは量の狭きより起り申候。それに我が心中を人の存知《ぞんち》候ことを厭《いと》い申候は、俗人の情に候。それ故隔意《かくい》ばかり出来、事を敗り申候。それ事を了するものは赤心《せきしん》を人の腹中に置き、内冑を見せて懸かり申すべきことと存候。

水　人を疑いて容《い》るること能《あた》わざること、我が心事を人の知らぬように掩《おお》い隠して、深遠なることのように心得るは、皆小人の小智より出《いず》ること云うに及ばず候。大丈夫《だいじょうふ》の心事、常々青天白日の如くして、事に臨むに及んでは、赤心を人の腹中に置いて、人を使うことを我が手足を使う如くすることこそ豪傑の所為《しょい》ならめ。焉《これ》を学ばん、焉を学ばん。

＊

(雲) いったい、人間は余り疑い深くては物事を成し遂げることができません。疑わしいところは疑っても、あとはからりとして胸襟を開いて対応したいものです。もっとも、疑いというものは、度量が狭いから起こるものです。それに自分の胸中を人に知られたくないのは世俗の人情であります。そういうところから人々とのあいだに溝ができて、事を敗るのであります。大事を成そうとする者は、誠(赤心)を相手の腹中に置き、自分の兜《かぶと》の内を見せてかからなければなりません。

(水) 人を疑って包容できないこと、また自分の心の内を人に知られぬように隠して、いかにもそれが深遠なことのように思い込むのは、みんな小人のけちな考えから出ているということは言うまでもないことであります。堂々たる大丈夫の心胸は、いつも青空に太陽が輝いているように、大事にあたっては誠心《まごころ》を相手の腹中に置き、人を自分の手足のように使ってこそ豪傑の仕業と申せましょう。これを学びたいものです。

まさに、両雄、肝胆相照らすというか、いかにも愉快な一節であります。内冑を見せて懸かること、これはよほど自信があり、よほど人間ができておらんとできぬ芸当であります。その次の「跡なき工夫」もおもしろい。

雲　大事を做《な》し出《いだ》すもの必ず跡あるべからず。跡あるときは禍必ず生ず。跡なき工夫如何《いかん》。功名を喜ぶの心なくして做し得べし。

水　是《これ》も亦《ま》た是《ぜ》なり。功名を喜ぶの心なきは、学問の工夫を積まざれば出《いで》まじ。周公の事業さえ男児分涯《ぶんがい》のこととする程の量にて、始めて跡なきようにやるべし。然《しか》らざれば跡なき工夫、黄老清浄《こうろうしょうじょう》の道の如くなりて、真の道とはなるまじ、細《さい》思《し》商量。

＊

（雲）大事を成す者は、痕跡《こんせき》を残してはなりません。手柄や功績を残そうとする心があれば、跡が残るものであります。跡があれば、必ずそこから禍が生じます。跡を残さぬためには、どうすればよろしいでしょうか。私は、功名を喜ぶ心を消し去って初めて大事をなすことができると思いますが……。

（水）これもまたごもっともなお考えです。功名を喜ぶ心は、実地に学問の工夫を積まないと、なかなかとれるものではありません。それも周公旦《たん》が成し遂げた千年王国の偉業でさえ、男子生涯の事業としてできないことはないとするほどの度量があって初めて跡を残さぬようにやれるでしょう。そうではなくて、ただ跡を残さぬようになどと言っても、それは隠遁《いんとん》的・虚無的ないわゆる老荘清浄の道のようになって、本当の道とはなりません。この辺のところ、細かに考えてご検討なされたい。

「大事を做し出すもの必ず跡あるべからず」、痕跡があってはいかん。跡あるときは禍が必ず生ずる。『跡なき工夫如何。功名を喜ぶの心なくして做し得べし』、自分が成功しよう、うまくやろう、偉いというような名誉を得ようという、功名を喜ぶ心があるとどうも跡が残る。無心でやると、「天空海闊《かいかつ》」、人の度量が空や海のように広く大きくて、つまらない跡がない。

述斎先生曰く。「功名を喜ぶの心なきは、学問の工夫を積まざれば出まじ」。よほど実際に身になる学問の工夫を積まんと、功名を喜ぶ心はなかなかとれない。「周公の事業」さえ、すなわち千年王国を作りだした周公旦の建国の偉業でさえ、「男児分涯のこと」、男として当然やれないことはないとするほどの度量があって初めて跡がないようにやれるでしょう。度量・器量で初めて跡なきようにやるべし。然らざれば跡なき工夫というのは、「黄老（老子）清浄の道の如くなりて」、一種のつまりニヒリズムになる。真の道とはなるまい。「細思商量」とは細かに考えてよく練って量ること。そうしないと虚無主義になる。黄老清浄の道には、それだけの妙味がありますけれど、実際生活、経世済民に携わる者は虚無的になってはいけません。

*

雲　人生は勤むるに成りて、怠《おこた》るに敗るることは申すまでも之《こ》れ無く候えども、勤むるは善きと知りながら、怠り易《やす》き者に之れ有り候。且《か》つ識ればいつにてもできるとて怠り申す類毎《つね》に之れ有り。天下一日《いちじつ》万機に候まま、日新《にっしん》の徳ならでかなわざることに候。小人の志を得申候も、多くは此処《ここ》より出《いで》申候。力《つと》むれば能《よ》く貧に勝つと申す古語、おもしろきやに存じ申候。聊《いささ》かの事ながら大事に存候。

（雲）人生は努力する者が成功して、怠け者が失敗するのは申すまでもないことでありますが、勤勉努力が善いことであるとは知っていても、現実には怠けがちなものであります。またそんなことはよくわかっている、いつでもできることだと言って、怠ける連中ばかりです。ところが天下のことは、一日のうちに無限の機（ポイント、兆候）があり、いつ何が起こるかわからない。だから『大学』にも「苟《まこと》に日に新たに、日々に新たにして又日に新たなり」とありますように、毎日を新たな気持ちで努力しなければなりません。つまらない人間が成功するのも、多くの場合はそういうわけであります。「力《つと》むれば能く貧に勝つ」という『説苑《ぜいえん》』の中にある諺《ことわざ》は、興味深く感ぜられます。これは卑近なことではありますが、実は大事なことであると思います。

「天下一日万機に候まま」とは、天下のことは、一日にかぎりない、いろいろの機、ポイントがある。いつ何事が起こるかわからない、いろいろの問題を含んでおる。そこで日々に新たなりという「日新の徳ならでかなわざることに候」。毎日毎日、新鮮な気持ちで勉強する、努力するというところから、つまらん人間でも成功する。「力むれば能く貧に勝つ」というのは、前出の劉向の『説苑』の中にある言葉です。

「力むれば能く貧に勝ち、慎めば能く害に勝ち、謹《つつし》めば能く禍に勝ち、戒むれば能く災に勝つ」

禍は自然のわざわい、害は人間が自分で作り出すわざわいのことで、災は火に関係したわざわいのことです。

水 いつも出来るとて為《な》さぬは、学人の通弊《つうへい》多きものに候。小人栖々《せいせい》として勤め、それが為に苦しめられ候こと、昔も今も同様に候。鶏鳴にして起き、孳々《じじ》として善をなすは切近《せっきん》のことに候得ども、余り手近過ぎて知れたることよとて、空《むな》しく光陰を送り候こと、我人共に警《いまし》むべきの第一たるは勿論《もちろん》に候。貴人尚更《なおさら》勤めぬ者に候。此《か》くの如き御工夫面白く存候。

＊

（水）いつでもできるからといって努力しないのは、学問に携わる者の悪い癖で、世間にその実例をよく見かけます。つまらぬ人間が忙しく立ちまわり、そのために余計な仕事が殖えて苦しめられるなどということは、昔もいまも同様に困ったことであります。『孟子』の中にも「鶏鳴とともに起き、孳々として善を為すのは古の聖天子・舜の徒である」とありますが、そういう勤勉努力は切実なことではありますが、あまりに身近すぎて当たり前だと言い、ついうかうかと過ごしてしままうのは、我れ人ともに戒めるべき第一のことでありまして、いまさら申すまでもありません。まして地位や身分の高い人はなおさら努力しないものでありますが、貴殿のこのようなご工夫は大変おもしろいことであります。

述斎先生もなかなか痛いところを突いている。地位の高い者はなおさら勤めぬ。一般人でさえなかなか勉強しない。怠けやすい。貴人であるあなたがこういうご工夫をなさるとは、「面白く存候」。

『孟子』の「尽心章句上」に曰く。

「鶏鳴きて起き、孳々として善を為す者は舜《しゅん》の徒なり。鶏鳴きて起き、孳々として利を為す者は跖《せき》（中国古代の大盗人）の徒なり」

『中庸』にも「力行《りきこう》は仁に近し」という名高い言葉がある。努力して実行する、行うということは、儒教道徳で言う「仁・義・礼・智・信」の第一の仁に近い。仁というのは、自然（天）が万物を創造し化育していく、いわゆる天地の生の徳、生み成していく生産、結びである。「医は仁術なり」というと、仁の本当の意味がわからない医者が嫌がる。ただで診てやるという意味ではなく、患者の病気を治す、健康にしてやるという意味なんであります。いくらただで診てやったとしても、殺してしまったのでは仁にならん。謝礼を取る取らないという問題ではなく、患者を哀れんで助けるというのが仁術という本当の意味であります。

「力行は仁に近し」も単なる情けという意味ではなく、ものを愛し育てるということである。われわれが勤めて努力し、実行するということ自体、もうこれは仁に近いものだ。努力して実行しなければ結局は空論であり、あるいは感傷、センチメンタリズムである。イデオロギーとかセンチメントになってしまうのでは何事も生まれない。だから実行自体が仁に近いものである。こういう『中庸』の名高い言葉であります。古典とは、現代の諸問題に対する解決の原理・原則というものを、力強くちゃんと打ち出しておることがひしひしと身にこたえる。古典および学問の限りない妙味があるわけです。人間はいくら偉くても、やっぱり学ばんといけない。いや、偉ければ偉いほど学ばなければいかん。「古人の言、我を欺かず」であります。

◆大丈夫《だいじょうふ》の志

雲　古今を考え候に、凡《およ》そ功を做《な》し得る迄《まで》は苦しみ、功已《すで》に成って、楽《らく》に赴かんとするとき、諸事背違《はいい》して心に任せぬことのみ多きやに存候。謝安《しやあん》の桓温《かんおん》が在るとき全からざるを憂い、苻秦《ふしん》の大兵を退《しりぞ》く迄は其《その》心中深察すべし。大難既にやみ、功成り名遂げて瑯琊《ろうや》の讒《ざん》始めて行わる。裴度《はいど》が淮西《わいせい》を平げて後、憲宗《けんそう》の眷《けん》衰えたるも同じ事に候。故に大丈夫直に進む大好事を鋭く做し得べし。とても前後始終を量《はか》っては何事もでき申す間《ま》じく候。一時の愉快を一世に残さんこと、これ予が志なり。如何《いかん》如何。

＊

（雲）古今の歴史を考えますに、およそ歴史上の人傑は、手柄を立てるまではいろいろ苦心しますが、勲功を立ててやっと楽になろうというときに、いろいろと問題が起こり、喰《く》い違いが生じて、心に任せぬことばかり多いようであります。東晋《とうしん》の名宰相・謝安は、野心家の大将軍・桓温が武威をほしいままにしたときは国家の危局を憂慮し、南侵してきた前秦王・苻堅の大軍を撃退するまでは、さぞや心中安からぬものがあったろうと推察されるのであります。しかし、すでに国の大難が去り、功成り名遂げた時期に、初めて瑯琊王・司馬道子《どうし》による武帝への讒言が行われました。唐の大官・裴度が淮西《わいせい》の内乱を平定してのちに憲宗皇帝の愛顧が衰えたのも同じことであります。それゆえ大丈夫たる者は、とにかく真っ直ぐに進み、よいと思うことは鋭意・迅速にやってのけるのがよろしい。ぐずぐずして前後をおもんぱかり、始終を心配してばかりいては、何事も成し遂げることはできません。ここだと思う好機にみごとにやってのければ、男子の本懐というものです。男は一本勝負だ、私はこう考えるのですが、いかがでしょうか。

謝安(三二〇〜三八五)という人は東晋の名臣。字は安石《あんせき》。四十歳にして初めて仕え、どんどん出世して朝廷の一番の守り役・太保《たいほ》まで昇りつめた。非常に風格が高く、あの赤穂義士の大石内蔵助と一脈相通ずるところのある人のように評せられる。つまり「社稷《しゃしょく》の臣」、社は土地の神、稷は五穀の神、今日でいうなら国家を護持する臣として、内においては、当時勢威を張って陰に不信の野望を蓄えていた桓温を阻《はば》んで、晋の王室を保護した。一方、そのころ揚子江北に外から大挙南伐してきた前秦王・苻堅を撃って、揚子江の支流である淝水《ひすい》に大敗せしめた。そして亡くなって太傅《たいふ》を贈られました。

「瑯琊の讒」とは、琅邪王・道子《どうし》が謝安の功勲・人格を妬忌《とき》して孝武帝に讒言《ざんげん》したことを言う。功なり名遂げたのち、やっぱり非常に憚《はばか》られ讒言されておる。桓温という危険な人物がおるとき国家が全からざるを憂い、しかもその外には苻秦の侵略がある。「苻秦の大兵の退く迄は其心中深察すべし」。

彼が国家を護持するためにいかに苦労したか。そして、大難すでにやみ、功成り名遂げてというと、すでに「瑯琊の讖」、琅邪王の讖言が出てくる。裴度もまた同じようであった。裴度（七六五～八三九）は、唐代中期の大官、字は中立《ちゅうりつ》と言うた。憲宗皇帝の信任が厚く、内乱の討伐・討平に当たった。累進して中書令《ちゅうしょれい》、日本で言うなら内閣総理大臣というような地位に就き、晋国公に封ぜられた。身をもって天下の安危に任ずること三十年におよび、四朝に歴事したが、晩年は職を辞して詩文の交わりに世を終わり、卒《しゅつ》して文忠と諡《おくりな》せられた。唐代を通じて、名宰相の代表的な人と言われる人であります。

しかし裴度が「淮西を平げて後、憲宗の眷衰えたるも同じ事に候」、どうもこういう功臣があると、とかく暗君という者はけむたがる、嫌がる。ここが名君・暗君の分かれるところでありますが、裴度またしかりであります。憲宗の寵愛《ちょうあい》（眷）が衰えたるのも同じことであります。「故に大丈夫直に進む」、真っ直ぐ進んで「大好事を鋭く做し得べし」である。いいことを鋭くやってしまう。とても前後始終をいろいろ考えておっては、「何事も出来申す間じく候」である。「一時の愉快を一世に残さんこと、これ予が志なり。如何如何」と、なかなか気迫の鋭さがあふれておる。ここだと思うことをみごとにやってのければ、男子の本懐というものである。

自分はこう考えておる、いかがですかと。
これに対して述斎先生曰く。

水　男子と生まるる者誰か此願《このねがい》なかるべき。然《しか》れども其位《そのくらい》と時を得ざれば、袖手《しゅうしゅ》して空しく一生を過ごすのみに候。閣下閥閲《ばつえつ》、時世至れば謝裴《しゃはい》が業も成し得べし。凡《およ》そ青年は志鋭《えい》にして、中年に至りて挫摧《ざさい》し易《やす》く候。今より後此条《この》を念々《ねんねん》忘れ給うべからず。

＊

（水）男子と生まれた者として、この願いを持たぬ者がありましょうか。しかしながら、地位と時世に恵まれなければ、手をこまねいて空しく一生を過ごすばかりであります。幸いにして閣下は名門のご出身であります。時世がめぐって来れば謝安や裴度のような大業をも成し遂げられましょう。ただ若いうちは理想は盛んであっても、中年になると挫折しがちであります。今日以後、このことを念々お忘れになってはいけません。

「閣下閥閲」は名門の意味。昔、功績を書いて門にかけておいた札のことで、門の左の札を閥、右の札を閲と言うた。あなたは名門の育ちである。時世至れば謝安や裴度のような業もおできになるでしょう。およそ青年は志が盛んだけれど、中年に至って「挫摧」、くだけやすいものであります。よくご注意なさいと痛いところを一本、釘を刺しています。

雲　時を知り命《めい》を知るは君子帰宿《きしゅく》の処。万事爰《ここ》に止《とどき》り申候。一部の易《えき》此《この》二ヶ条に止り、魯論《ろろん》にも、これを知るを以《もっ》て君子と之れ有り。時を知るは外の事にも之れ無く、為すべき時は図《ず》をはずさず、為すまじき時にせぬのみに候。命を知るはその味広遠《こうえん》のことにて、説破《せっぱ》に及びかね申候。兎角《とかく》古今身を危うくし国を滅ぼし申し候も、君子の禍に及び申すも、この二字に通ぜざる故と存候。実は真の君子にあらぬ故に候。英豪却《かえ》って此二条に通じ候故、一時に事を起し申候ことと存候。

＊

（雲）時世を知り、自分の命（運命・義命）を知ることが君子の究極の問題で、万事はここに帰着します。『易経』もこの時世と命を説くにとどまり、『論語』にも「命を知らずんば以て君子たるなきなり」とあります。時世を知るとは、外《ほか》でもありません。為すべきときには時機を外《はず》さず断行し、してはならぬときには行わないだけのことであります。「命を知る」ということは、その意味・内容が広遠で、説き尽くすことはできませんが、とかく古今を通じて身を危うくし、国を滅ぼすようなことも、君子が災禍に遭うのも、この時と命とに通じていないせいかと存じます。それというのも、実は真の君子ではなかったからであります。ところが君子と違って英雄豪傑は、時と命の実際に通じているために、遅疑逡巡《しゅんじゅん》することなく、大事をやってのけるのであります。

「時を知り命を知るは君子帰宿の処」、結局、人間は夜になると宿に寝る。帰宿が必要である。人生で言うと、時代というものをよく知り、自分のそこにおけるところの命、絶対的な立場というものを知る、運命というものを知ることが君子の究極の問題である。「一部の易此二ヶ条に止り」、『易経』の時を知り命を知るという教え、つまり時代、そして自分の使命、存在の意義を認識することであります。

『魯論』とは、ご承知かと思うが、昔から『論語』には三種類あります。魯の国にあったのを『魯論』、斉《せい》の国から出てきた論を『斉論』といい、それから一番古い論が『古論』であり、『魯論』が一番通行した。「魯論にも、これを知るを以て君子と之れ有り。時を知るは外の事にも之れ無く、為すべき時は図をはずさず、為すまじき時にせぬのみに候」、人間はしなければならぬときには時機を外さずやってのけ、また、してはならんときにつまらないことをしてのける。そうではなく「命を知るはその味広遠のことにて、説破に及びかね申候」、「破」という字は強調する言葉で、本当に説くということは、なかなかできないことだと言います。

「兎角古今身を危うくし国を滅ぼし申し候も、君子の禍に及び申すも、この二字に通ぜざる故と存候」、つまり国を滅ぼしたり禍に及ぶのも、この「時を知り命を知る」ということに通じないからである。だから、ぐずぐずしておってはいかんので、英雄・豪傑というのはそこを知っているので、気合を込めて、そのときそのときを絶対として勝負する。男は一度、ここぞというときに勝負することが大事であります。

◆英豪と聖賢

水　公論と存候。英豪は道理は知らず、己の才気より存申候。君子は義理には心得候えども、多く才気足らざるより見損じ申候。因《よ》って彼《か》の豪傑の資、聖賢の学と申す二つを兼ねざれば、大事業は成就仕《つかまつ》らぬ事と存候。

雲　喜怒哀楽、人情に候えども、その中に従いて動き申候は小量と存候。英豪は悲愴惨愁《ひそうさんしゅう》の中に処《お》って曾《かつ》て事ともせず。また富貴に処って曾て驕汰《きょうたい》の態《たい》なし。我が分を楽しんで事を做《な》し申候まま、禍を福となし、敗によりて勝を握るの手段あり。英豪は無事にこまり候ものに候。悪事にてもあれば、それに因《よ》って一大事を做し出し申候者に候。素《そ》して行うは貧賤《ひんせん》、富貴、夷狄《いてき》、患難《かんなん》も自得仕候こそ、君子たる故と存候。

＊

（水）仰言《おつしや》るところ、公正なるご意見であります。英雄豪傑は世の中と人間についての深い道理は知らず、自分の才幹と気魄《きはく》にまかせてやってのけます。ところが君子は、義理は心得ておりますものの、多くは才幹と気魄に欠けておりますところから、情勢判断を誤るのであります。それゆえ、豪傑の資質と聖賢の学との二つを兼ね備えなければ、大事業を成し遂げることはできないと存じます。

（雲）喜怒哀楽は自然の人情でありますが、ただ喜怒哀楽の感情だけに捉《とら》われて行動するのでは器量が小さいと申さねばなりません。ところが英雄豪傑は、悲しく愴《いた》ましい出来事の渦中にあって一向に意に介さず、また富貴の地位にあっても少しも傲《おご》り驕《たかぶ》る態度がなく、もって生まれた自分の器量を楽しんで事を行いますので、禍を転じて福となし、失敗してもそれによって勝利を摑《つか》む活手段を心得ておるものであります。しかし英雄豪傑というものは、太平無事の際にはすることがなく退屈で困るものですが、何か世間に悪い事でも起これば、それによって一大事をやり出すものであります。それに対して君子は、『中庸』に「君子はその地位に素して行い云々」とありますように、現実を飛躍した空虚なことは考えず、貧賤に素し、富貴のときは富貴に素し、夷狄《いてき》にも患難にも、それぞれの境遇に応じて自分自身が納得した生き方をする、これこそ君子の君子たる所以であると存じます。

述斎先生は、それはまことに誰にでも通ずる公論と思いますと言う。英雄・豪傑はそういう深い道理は知らんでも、自分の持ち前の才気・才幹・気魄によりちゃんとそれを弁《わきま》えておる。「君子は義理には心得候えども」、今日の言葉で言うと、哲学的には知っておるが、多く才気が足らんからして「見損じ申候。因って彼の豪傑の資、聖賢の学と申す二つ」を兼ねなければ大事業は成就しないでしょうと答えております。

引き続いて綽山侯が、人間誰しも喜怒哀楽があるが、その喜怒哀楽の中で動くのでは人物の器量が小さい。「英豪は悲愴惨愁の中に処って曾て事ともせず」、そんなものに負けない。「また富貴に処って曾て驕怷の態なし」である。驕っていい気持になるというようなことがない。したがって英雄・豪傑というものは、泰平無事には困る、感激することがない。悪事にてもあらば「よしきた」ということでそれを片づける。大きな仕事をやってのける。そういうものが英豪です。

君子は、貧賤なら貧賤に基づいて、富貴なら富貴に基づいて飛躍したことを考えない、空虚なことを考えない。実際的に堅実にやっていく。貧賤ならば貧賤に素す。富貴ならば富貴に素す。夷狄におれば夷狄に素し、患難におれば患難に素す。患難の中から仕事をする。立ち上がる。そこに充分自分はこうだ、これでいいというふうに自得する。それこそ「君子たる故と存候」、なかなかの見識であります。

水 英豪の所為大いに人意《こころよ》を快くすと雖《いえど》も、弊も亦《ま》た多し。帰宿の処、君子は易《い》に居て命《めい》を俟《ま》つの外之《こ》れ無く、故に聖人の千言万語、英豪のする所を以て教《おしえ》とせず。其意甚だ深し。然《しか》れども聖経賢伝を死看《しかん》して活看《かつかん》せざるものは、気息奄々《えんえん》死人の如き君子となり、弊とも云うべく候。これらの工夫畢竟《ひっきょう》其人にあるのみと存候。

＊

（水）英雄豪傑の仕業は痛快でありますが、弊害も少なくありません。究極のところ『中庸』に「君子は易きを以て命を俟つ」とありますように、君子は問題をことさらにむずかしくしない。如何なる境遇に処しても晏如《あんじょ》として、自分の境遇を素直に認識する。そして自分はこうなければならないという絶対の境地（命）に安んじるのみであります。したがって聖人の千言万語は、万人に普遍的なことを原理原則とするのであって、英豪のように特例をもって教えとはいたしませんが、その意《こころ》は深遠であります。しかしながら、聖賢の教えや伝記を死学問にして、活読しないのは、活きているか死んでいるかわからぬ君子でありまして、そういうのは弊害とも言えます。これらの心がけは、つまるところ学問をする人自身の問題であります。

　述斎先生が曰く。君子はことさらに問題をむずかしくしない。いかなる境地に処しても晏如としている。簡単に把握する。「易に居て命を俟つの外之れ無く」、命とは自分はこうなければならんという絶対の境地、それを俟つしかない。故に聖人の千言万語、英豪のように特別なことをもって教とはしない。きわめて普遍的で平凡である。しかし、その意は非常に深い。

「然れども聖経賢伝を死看して活看せざるものは」、聖賢の経書《けいしょ》や伝記を活かして読むということをしない。殺して読む。死看してしまう。そういう者は「気息奄々死人の如き君子となり、弊とも云うべく候」、そういう学問をすることはむしろ弊害とも言えます。学問というものは、生きた学問をやらねばいけません。これらの工夫は結局、その人の志にあるのみです。

*

雲　英豪の所為は、一時は、行われて、万世に垂《た》るべからず。聖賢百世を待って疑わず。聖賢もと英豪なり。英豪、聖賢ならざるありと朱子の論感服すべし。聖賢はとても及ばぬことに候。英豪の所為こそ願わまほしきことに候。跡を践《ふ》まず室に入らずと申す所、又為すべからずと存候。

（雲）英豪の為すところは、一時は世に行われて不都合がありませんが、万世の模範になりません。聖賢はもともと英豪であるが、英豪は必ずしも聖賢ではないと朱子が論じておりますが、感服に堪えません。私も聖賢にはとても及びませんが、英雄豪傑ぐらいはやれそうです。『孟子』に「形色《けいしょく》は天性なり。惟《た》だ聖人にして然《しか》るのち以て形を践むべし」とあります。われわれの存在様式すなわち形色は先天的なもので、どうすることもできません。ただ聖人のみは「形を践む」、つまり持って生まれた形色を充分に生かすことができますが、私のような者はそこまでまいりません。また『論語』に、由《ゆう》（子路）や堂に升《のぼ》れり。未《いま》だ室に入らざるなり」とありますが、私などは奥の院に入るまでに至らない。すなわちいま一つ高い境地まで到達できない状態でありまして、聖賢のように自分の存在意義、天命を充分に発揮し実践する段階までは到達していないと思います。

なお引き続いて「英豪と聖賢」についての考え方です。「英豪の所為」、英雄・豪傑のやることは一時は行われるけれども万世の模範にはならん。法則にはならん。そこへいくと聖賢は、これは永遠に変わらん法則に生きる人である。聖賢というのは、元来、英雄・豪傑である、しかし英雄・豪傑は必ずしも聖賢ではない。また聖賢は英豪よりは一枚上であると朱子が論じておるが、まことに感服に値する。しかし、聖賢などについてはとても自分たちではどうにもならん。英雄・豪傑くらいはどうもやれそうです。「跡を践まず室に入らずと申す所」、これは『孟子』の「尽心章句上」にある有名な言葉です。

「形色は天性なり、惟《た》だ聖人にして然る後以て形を践む可《べ》し」

つまり実在存在論。人間がこういう姿形で、境遇で出てくるのは、これはもうどうにもならん天性である。俺はなんでこんな貧乏な家に生まれたかとか、俺はこんなだらしのない富貴の家に生まれたか、ということは無意味であって、これはもって生まれた存在、いわゆる形である。それを充分に活かすのが、「形を践む」と申します。言い換えれば素行であります。

それから『論語』の「先進篇」に曰く。

「子曰く由《ゆう》（子路のこと）や堂に升《のぼ》れり。未だ室に入らざるなり」

入り口までは来ておるが、いまだ大切な奥にまで入っておらん。自分の運命を充分に実践しない。これはいけません。

水　両々相比して語的当《てきとう》に候。英豪を冀《こいねが》うは非なるべし。其《その》資質なくして英豪たらんと欲せば、百事皆敗《やぶ》るべし。故に聖賢の教、平々地より説き起す。この意後世の教とすべし。英豪を以て教とせば、彼の人の子を賊《そこな》うこと多々なるべし。

＊

（水）英豪と聖賢を比較してのお言葉、まことに適切であります。しかし英豪をこいねがうのはいりません。英豪の資質が欠けているのに英豪になろうとすれば、何もかも失敗に終わるでしょう。それゆえ聖賢の教は極めて平々凡々、誰でも実践できる道から説いております。この聖賢の精神は、後の世までも教えとするに足るものであります。もし英豪を以て教訓にすると、若い者を次々と台無しにするでしょう。『論語』に、孔子は子路を戒めて「そんな後進の導き方は、若者を賊《そこな》うものだ」と申しております。

「英豪を冀う」というのはいけません。ところが、聖賢の教というのは、極めて平々凡々、淡々として誰でも学べる。誰でも実践ができる。英豪はその素質がなければ、結果はみっともないことになる。偽物になる。述斎先生もまた『論語』「先進篇」に、孔子は向こう意気の強い子路を戒めて、「そんな後進の導き方は、かの人の子を賊うものだ」と言われております。

◈今の一会《いちえ》

最後に「今の一会」と「人の結論」で「水雲問答」を終わりましょう。

雲　人は今の一会空しく過ぐべからず。喩《たと》えば一生の間往《ゆ》いて返らざるの旅の如し。この山水好景、再び攀《よ》じがたし。務《つと》めて即《すなわ》ち今の苦を忘れて、功を立て、名を残すべく候。再び好景勝地を探らんとする内に、何《いつ》か半途にして身を終るに至り候。

水　苦を忘れて功を立て名を残すと云《い》うときは、志多く功名にある事にして、真の道理に非《あら》ず。董子《とうし》の語能《よ》く能く御詳思《しょうし》あるべし。一際会《さいかい》で放過せず、一事《いちじ》を成すべし。後の好会《こうかい》を待つときは、半途にして終る説は、いかさま古今同一轍《てつ》にして、人我共に其時を失わざるを勉《つと》めて、いたずらに後を期すべからずの箴規《しんき》に候。

*

（雲）人は現在只今の出会いを空しく過ごしてはなりません。それは喩《たと》えば一生の間に往いて返ることのない旅のようなものです。そのうちになどと思っていると、山水の素晴らしい景色を二度と訪ねることはむずかしいのです。できるだけ当面する苦労など忘れて、いまのうちに手柄を立て名声を残すべきであります。さもなければ、またあの素晴らしい景勝の地を訪ねようと思っているうちに、中途にして身を終えるにいたるものです。

（水）苦労を忘れて、手柄を立て名を残そうと仰言いますが、それは功利的な考えで、真の道理とは申されません。漢《かん》の武《ぶ》帝の名臣・董仲舒《とうちゅうじょ》の「夫《そ》れ仁人は其の誼《ぎ》（義）を正してその利を謀《はか》らず。其の道を明らかにして其の功を計らず」という言葉をよくよく熟慮なさるべきです。何事もその場限りにやりっ放しにしないで、じっくりと一つの問題を成し遂げなければなりません。機会があればまた訪ねようなどと思っているうちに、中途にして生涯を終えるというご説は、いかにも昔もいまも人間の犯しやすい誤りで、我れ人ともに時機《チャンス》を逃さぬように心がけて、そのうちに、などと空しい期待を抱いてはいけないという戒めであります。

人と人との出会い、人と仕事との出会い、人と書との出会い、いろいろの出会いがある。今日ただいまを逃して、そのうちに機会があれば……などと思っていると、この山水の好風景を二度と踏破することはむずかしい。

それに対して述斎先生の言葉。あなたはいまの苦しみを忘れて、「功を立て、名を残すべく候」とおっしゃるが、苦を忘れて功を立て名を残すというのは「志多く功名にある事にして」、いろいろ功利的であって、本当の道理ではない。董子、漢の武帝の名臣で、非常な経世家であった董仲舒《ちゅうじょ》の文に、

「夫れ仁人は其の誼を正して、其の利を謀らず。其の道を明らかにして其の功を計らず」

とあります。利や功を計ることを否定しては空論ではないか、とよく質問されるが、しかし、これはそうではない。文脈とか文勢とか、文というものはどこに焦点をおくか、どこを強調するかということが大事であって、これはその利を謀るとか、功を計るなんてことは極めて普通のことであって、重点はそこにはないということである。重点・眼目は「いかにすることが誼（義・法則）であるか、道であるか」ということを正し明らかにする、ここが主眼の置きどころであります。たいていの人間は、どうすれば儲かるか、どうすれば成功するかと、非常に手段的・功利的のほうに行って、どうすることが、人間としての道、言い換えれば真理に合うかを考えない。それを董仲舒が言っております。

董子の語をよくよく詳《つまび》らかにお考えなさい。「一際会で放過せず」、一本勝負というようなことで、やりっぱなしにしない。「一事を成すべし」、一つの問題を完成しなければなりません。「後の好会を待つときは、半途にして終る説は、いかさま古今同一轍にして、人我共に其時を失わざるを勉めて、いたずらに後を期すべからずの箴規に候」、掟《おきて》（箴規）の通りであります。

雲　韓昌黎《かんしょうれい》曰くにも、棺《かん》を蓋《おお》うて是非定まると申すが如く、人は生涯を畢《お》え申さねば品格も付けられ申さず候。小事に拙きも大事は成し得、大事は糊塗《こと》候得ども小事は又敏なる者も有レ之《これあり》。何《いず》れ一方なる者にて、万事兼ね申候は無レ之《これなき》ことに候。騏驥《きき》人をかむ勢ありて千里を走り、駑馬《どば》千里の能なくしてしかも馴使《じゅんし》の徳あり。故に英雄は翼を戢《おさ》めて風雲の念を待ち申候。百里の小邦は龐足《ほうそく》を展《の》ぶるに足らず候。

水　此《こ》の論確定易《か》うべからず。

＊

（雲）韓昌黎（唐の韓退之《かんたいし》）も「棺を蓋うて是非定まるべし」（棺を蓋うて事乃《すなわ》ち了《おわ》る）と申しましたように、人は死んでみないと品格も付けられません。小事をさせれば拙劣であっても、大事に当たれば立派に成し遂げる人物もおれば、大事はできなくてごまかすけれども、小さな問題は手際よく処理する者もあります。そのように人間は二つのうちのいずれかであって、何でも兼ね備えた才幹の持ち主はいないものです。名馬というものは、人に嚙《くらい》つくくらいの勢いがあって能《よ》く千里を駆ける駿足《しゅんそく》があります。しかし駑馬《どば》（足ののろい馬）は千里を駆ける能力はなくても、馴《な》らして使えば役に立つものです。故に今日のような時世にあっては、英雄は千里の鵬翼《ほうよく》を休めて天下の風雲を待ち望んでおります。諸葛孔明《しょかつこうめい》と並び称された龐統《ほうとう》のような英傑でも、方百里の小国に居っては、実力を発揮することはできないのであります。

（水）これは的確にして決定的な卓論であります。

最後に「人の結論」として綽山侯が述べます。韓昌黎（七六八〜八二四）は有名な唐の韓退之のこと。いまの河北省の人といわれる。欧陽脩《おうようしゅう》、柳宗元《りゅうそうげん》、蘇東坡《そとうば》、王《おう》安石《あんせき》などとともに唐宋八大家の一人で、少なくとも明治時代の人は『唐宋八大家文《ぶん》鈔《しょう》』というものを皆さん読んだ。その中にあります。韓昌黎曰く、

「棺を蓋うて事乃《すなわ》ち了《おわ》る」

と。人間は生涯を終えてみないと品格が付けられない。「百里の小邦は龐足を展ぶるに足らず候」、これは諸葛孔明と並び称せられた龐統が小県の長官に任ぜられ、つまらなくて毎日怠けていた。そこへ張飛が出かけていって責めると、彼はこれを見よとばかりに、山のように滞っていた仕事を半日で片づけて、張飛を驚かせ、

「枳棘《ききょく》は鸞鳳《らんほう》の棲《す》むところではない、百里は大賢の道であろうか」

と嘆かせたという『三国志』の有名な話から引いている。なかなか男らしい卓抜な議論であります。

そこで、述斎先生は「此の論確定易うべからず」、まったく変えることのできない確定の論でありますと答えている。人間には用いようによってすべて無意味というものはない、すべて何かの役に立つ。何かの意義がある。それぞれその意義・効用を発揮すれば、それでいいのであるが、英雄とか達人というものは、なかなかむずかしいものだ。いろいろ時勢とか境遇があるので、それがないと英雄豪傑も平々凡々の中に伍《ご》してやっていかなければならん。しかし、それならそれで悠然としてやっていく。それも味のあることで、よく昔の本に、素晴らしい美人がつまらない男と結婚をして、それで平気で甘んじ、生涯女房の仕事を尽くして一向悔いないと

同じように、英雄・豪傑がつまらない仕事にも悠々として、拗《す》ねたり怒ったりしないで、それで場合によっては一生終わる。これも人間の「有情」である。そして結局、人間は貧賤《ひんせん》に生まれれば貧賤、富貴に生まれれば富貴、生まれたその境遇・素質・使命というものを飛躍しないで、空論しないで、着実にやっていくのが「素行」である、これが結論だというのであります。

読んで玩味し、またいろいろ人生諸般の問題に経験を積みますほどに、哲人・英雄のこういう見識とか文章に尽きない興味があるわけです。こういう書は一度読んだらそれでいいというものでなく、座右の書のように、絶えず自分の座右に置いておきますと思いがけないときに役に立つ。また、それを通じて、思いがけず自分を深めることのできるものであります。

第二部
経世済民の真髄

第一章

道と法

◆熊沢蕃山《くまざわばんざん》の風格

備前《びぜん》藩主・池田光政の知遇を得て、岡山の藩政に優れた経綸《けいりん》の才を発揮した熊沢蕃山先生（一六一九～一六九一）は林政に、治水に、租税の改革に、風教に、目覚ましい政績を上げた経世済民の偉人であります。彼はまた、いわゆる威あって猛からざる才徳兼備の風格の持ち主であり、その心術において、学問風流において、出処進退において、敬慕すべき大自由人であった。静かに冴《さ》える灯の影に彼の『集義《しゅうぎ》和書《わしょ》』を読んでいると、いかにも沈着《おちつ》いて容姿の整った、そしてどこか秀傑の気のつつみ切れない立派な蕃山その人の姿が彷彿《ほうふつ》として浮かんでくるのである。ここではその『集義和書』を通じて、指導者としての道、そして日本人としての立派な在り方を探ってみようと思うのであります。

さて、世間では普通、熊沢蕃山と申しておるが、しかし、蕃山というのは先生の本当の号ではない。むしろ先生の退隠後の雅姓とでも言うか、池田藩の藩政に携わった後に、自分の領地であった寺口村というところに隠棲《いんせい》された。そのときにかねて愛誦《あいしょう》しておった『新古今和歌集』の恋の部にある源重之の、

筑波山葉山繁山しげけれど
　　思ひ入るにはさはらざりけり

という歌から寺口村を蕃山《しげやま》村と名づけ、そこに隠棲したところから、蕃山了介《しげやまりようかい》と言ったものである。それで村の人々も蕃山の先生、蕃山の先生と呼ぶようになり、いつの間にか蕃山先生となったもので、本人が「蕃山」と号されたのではありません。だから本当は名前が伯継《はくけい》だから熊沢伯継とか、雅号で言えば熊沢息遊軒《そくゆうけん》、あるいは蕃山了介というのが正しいけれど、事実として、熊沢蕃山で通っているものだから、そう読んでも一向に差し支えありません。

　人間を観るのに四つの見方があります。いや、要約すれば三つ、あるいは二つにもなるけれど、まず人間の人間たる本質的要素は何と言っても「徳性」というものである。これに属性・付属的要素として「知性・知能」と「技能」がある。もう一つは「徳性」に準じてよい大事な「習慣」というものがある。この四つの観点から人間を考察すると、一番よく把握できる。そこでまず、「徳性」という点から蕃山先生を見ると、これくらい立派なゆかしい人は少ない。およそ先生に親炙《しんしや》した者で、先生のその徳性、その風格に心酔しなかった人はいないと申してよろしいのであります。

また、蕃山先生は良い習慣をつけるために努めた人であります。例えば、ごく若いときには太っておったので、どうしても動作が機敏でない。これは武人として甚だ不都合であると気づくと、身体を引き締めるためにいろいろの習慣をつけられた。ときには夜間に、人が寝静まってから、屋根の上をまるで忍者のように走る、という芸当さえやって努力されておる。このように先生は良い習慣を身につけるということを始終考えておられた。それから頭脳や技能、智慧《ちえ》・才幹という点になると、実に複雑でありまして、特に見識において勝れておられた。さらに普通の儒者と違って、天下の経綸、国政を料理するという面においても抜群であったのであります。

したがって、そういうさまざまな観点から考察して、人間としては最も立派な人と申してよかろうと思います。しかしその生涯は、運命に恵まれないというか、せっかく池田光政公に用いられて、国政に当たられたのだけれども、いろいろな妨害・排斥に遇《あ》って、その職を退いておられる。しかし、辞し方もまことに悠々たるもので、そうして蕃山村に退隠されて、その後は優遊自適の生活、風流隠士の生活を送られた。しかも至る所人に慕われ、学を講じ、芸術を楽しみ、大きな感化を自然自然に周囲に及ぼされておるのであります。

ことに私なんかが羨《うらや》ましく思うことは、独り学問・教養のみならず、その趣味の点においてであります。琵琶《びわ》をよくし、笛を吹いて、優にゆかしいものがある。京都におられたとき、ある笙《しょう》の名手が散策しておると、どこからともなく楽の音が聞こえてくる。思わず足を止めて、これは世の常の人ではない、音律に心の粋が伝わっておる、というので、主は誰かとだんだん聞き合わせてみると、それは蕃山先生であったという逸話も残っている。実にゆかしい風懐の人であったのであります。

◆融通無碍《むげ》のその学問

先生の学問・見識は本当に解脱しておる。何らこだわりというものがない。型に嵌《は》まるところがない。実に自由自在です。したがって学派についても、先生を陽明学派と称しますけれども、中江藤樹先生の因縁や、また先生の人格・識見・気宇などから考えて、たしかに陽明学に通じるものがあるが、しかし、決して先生自身は陽明学派などと考えておった人ではない。また、そういう主張をした人でもない。まことに自由自在であります。それから、当時これだけの人として実に特異なことは、文を漢文で書かずに、すべて当時の俗文で自由に書いておられることである。

漢文で書かなければ、何か学者の権威にかかわるように思われておった時代なのに、これは本当に珍しいことである。道元禅師が『正法眼蔵《しょうぼうげんぞう》』をこつこつと書下しで発表されておるのとよく似ておる。達人の一つの面目でありましょう。実に屈託のない、息遊軒という号によく似合う人柄・見識であります。

息遊という言葉は『礼記《らいき》』の一篇である「学記」の中に、

「君子の学に於《お》けるや、焉《これ》を蔵《おさ》め焉を修め焉に息し焉に遊ぶ」

とあるところより採ったもので、いわゆる優遊自適ということであります。

道徳もその通りで、無理に押しつけて型に嵌《は》めることでは決してない。いろいろのものにぶつかり、争い、苦しんで、まごまごするのではなくて、いつもゆったりと、自然に進んで往く、これが道徳の真諦《しんてい》であります。学問でも何単位を取らなければとか、何点取らねばならぬとか、卒業証書をもらったら何にならなければならぬとか、そういう目的や手段でやるのは本当の学問ではない。本当の学問はまさに優遊自適、学問の中にゆったりと遊んで、自然に進んでいくのでなければならないのです。

戦争をしても、漢民族は激戦・激突などを本領としない。中国の兵学・兵法というものは敵と正面衝突しないで、敵と遊ぶ、敵と優遊自適すると言うとおかしいけれど、決して正面切って衝突するようなことをしない。敵が突撃してくれば引き退がり、敵が止まればこちらも止まる。そして敵が退却すれば追撃し、反撃すると引き退がる。いわゆるゲリラ戦・遊撃戦というものである。ゲリラ戦の大家が司馬《しば》仲達《ちゅうたつ》です。これに引っ掛かった諸葛孔明《しょかつこうめい》はへとへとになって、とうとう参ってしまった。孔明は生真面目《きまじめ》な人で、その上いろいろと内情もあって、どうしても早く片づけなければならぬ、というので急いだのが一期《いちご》の不覚であったのであります。

しかしこれは、何も司馬仲達に始まったわけではない。中国の兵法というのは元来そういうものなのである。学問も道徳も同じことで、みな優遊自適にある。だから中国の大人《たいじん》というのはどこかゆったりとしておる。中国人の好きな言葉に「蕩《とう》」という語がある。『書経』を読むと「王道蕩々」と書いてある。「蕩」という文字には三つの意義があって、第一はスケールが大きいこと。第二は柔軟で、弾力性があって角がない、ぎくしゃくしないこと。そして、これが悪く転じて第三には「だらしない」「とろける」という意味になる。この三つの意味を渾然《こんぜん》と一つに含んでおるのが「蕩」という語であります。そこで、よく熟《な》れた酒を「蕩酒」と言い、スケールが大きくて、少しもぎくしゃくしたところがない練達の士を「蕩子」と言う。「蕩人」「蕩子」と言うと、日本ではもっぱら悪いほうに使って、酒や女にだらしない人間の意味になっているが、決してそうではないのであります。

これに対して日本人は「稜々《りょうりょう》」という言葉が好きである。これは研《と》ぎすまされた矛の角であって、「稜角」「気骨稜々」などと使う。天皇陛下のご威光を「稜威《みいつ》」と申すのであります。「稜」は大変よく切れる。鋭くて、光り輝いて、立派である。しかしその反面、それは折れやすく、傷つく危険性がある。そこで「蕩々」と「稜々」とがうまく調和するとよいので、日本民族と漢民族とが本当に調和すれば、アジアは必ず治まる。その両方が喧嘩《けんか》をしてしまったのですから、これはアジアの大損失、世界の損失であります。

それはさておいて、蕃山先生は一面「稜々」たるところもありますが、しかし、元来は「蕩々」たる人に属すると思う。ゆかしいと言えば、これほどゆかしい人は徳川三百年の中でもあまり多くはいないのであります。

◆「法」なるものの本質

熊沢蕃山先生の思想・学問の魅力は、単なる理知的なもの、つまり大脳皮質あるいは前頭葉的なものではなくて、実に深く情緒化されており、いわば大脳皮質と気《き》海《かい》、丹田までがまことによく統一されて、思想となり業績となっておるというところにある。『集義和書』をしみじみ読むにつけ、私たちが生きておるいまの時代・環境、そこの中における白分というものを省察させるのに、大変いいものであります。幸いにこの時局になって、いままで無視され排斥されておった歴史・伝統に関する興味や関心が続出してきて、伝記ものが流行し、これに伴って古典が出版されるようになってきた。これは日本の国民にいまだ良心や生命が衰えない、尽きないということの一つの証拠である。孔子の言葉を借りて言えば、

「天未だ斯文《しぶん》を喪《ほろ》ぼさず」

というのはこのことで、これを正しく、力強く培養すれば、大変いい救いの薬、診療・治療・医療になるのであります。

◈道と法

来書略。政令法度は人情をよく知りて、時処位に応ずるものなりと承り候。尤《もっと》もの儀に候。昔たまたま道を以て政《まつりごと》をせんとおぼしめしたる君もおわしまししかど、時の学者唐流《から》を以て日本に行わんとせしかば、つかえとどこおる所おおく、

やめ給いぬとうけ給わり候。おしき事にて候。

返書略。道と法とは別なるものにて候を、心得ちがいて、法を道と覚えたるあやまり多く候。法は中国の聖人といえども代々《よよ》に替り候。況《いわ》んや日本へ移しては、行いがたき事多く候。

＊

来翰の大略。政府の命令や法律・掟《おきて》というものは、人情をわきまえて、しかもそれぞれの時代や環境、身分や立場といったものに適応したものでなければならないものであると聞き及んでいます。至極《しごく》もっともなことかと存じます。ところが昔、道――宇宙人生の根本原理をもって世の中を治めようと考えた君主もおられましたが、その時代の学者がシナ風、唐の時代の流儀をそのまま日本にあてはめて実施しようとしたので、障害や停滞が多く、ついに中止されたと聞いております。これはまことに惜しいことであります。

返書の大略。道と法とは別なものでありますのに、両者を混同して、道の外面的・社会的な表現様式であるところの法を道と錯覚した過誤が多く見られます。法というものは、中国の聖人といえども、時代時代によって替わるものであります。まして中国の法をそのまま日本に移し行おうとしたのでは、行われがたいのは当然であります。

「来書略」、向こうからきた手紙の大略にこういう質問がある。「政令法度は人情をよく知りて、時処位に応ずるものなりと承り候」、抽象論や形式論では駄目で、その時その処《ところ》、その位置に応ずるものでなければいけない。政令と法度とかいうものはごもっとものことです。

これに対する返書の大略。つまり道と法とは元来別のものだ。人間で申しますと良心、平たくいうならホルモンとか抑制機能というものすべて道であり、これあるによって生命が進展・向上する。これによって表現され、感覚的・外面的・社会的に発するものが法であります。単に作為されたものでは本当の法でない。法というものは成るべきもので、為《な》すべきものでない。成るべきものがすなわち道であり、これに基づいて為すことができるのであります。

日本は明治以来、ドイツ法学がずっと中心をなしておりました。ドイツ法学者が、「法はゲマッハト（作られた）ものではだめで、ゲボーレン（成りたる）ものでなければいけない」

と言う。技術的なものではなく、自然にそうなってきた、もっと生命的なもの、形成し、表現するものでなければならない。そういう意味において、敗戦の結果、占領軍によって急にアメリカン・デモクラシーが押しつけられ、ここに民主主義政治体制というものを作ったというのは、これは明らかにゲマッハトであり、決してゲボーレンではない。「道と法とは別なるものにて候を、心得ちがいて、法を道と覚えたるあやまり多く」、日本の例で言えばつまり本当の道でない。にわか作りの押しつけられた民主主義、そういう政治体制を真理であり、本当のものだというふうに日本人は間違って考えた。

だいたい押しつけたアメリカ人自身がびっくりして、日本人は一字間違えて、「デモクラシー（democracy）をデモ狂（democrazy）にしてしまった」とアメリカ人が驚いたくらい妙な法ができてしまった。ここに蕃山先生の言うことがよくわかります。

「法を道と覚えたるあやまり多く候。法は中国の聖人といえども代々に替り候」、法というものはその時代時代、その時と所に従って、だんだん変化していかなければならん。小学校・中学校・高等学校・大学と変わっていくに従って、学科も変わっていく、訓練も変わっていく、これが法である。「況んや日本へ移しては、行いがたき事多く候」、向こうでうまく行ったからといって、それを日本へ持ってきてもうまく行くとは限らない。ソ連の共産主義政治が成功したからといって、そっくりそのまま日本に持ってきても、うまく行くものではないのであります。

道は三綱《こう》五常《じょう》これなり。天地人に配し、五行に配す。いまだ徳の名なく、聖人の教えなかりし時も、此《この》道は既《すで》に行われたり。いまだ人生《しょう》ぜざりし時も、天地に行われ、いまだ天地わかれざりし時も、太虚《たいきょ》に行わる。人倫天地無に帰すといえども、亡ぶることなし。況《いわ》んや後世をや。法は聖人時処位に応じて、事の宜《よろ》しきを制作し給えり。故に其代《そのよ》にありては道に配す。時去り、人位かわりぬれば、聖法といえども用いがたきものあり。不レ合《あわざる》を行う時は、却りて道に害あり。今の学者の道とし行うは、多くは法なり。時処位の至善に叶わざれば、道にはあらず。

＊

道は三綱（君臣・父子・夫婦）、五常（仁・義・礼・智・信）がこれであります。道は天地人に割り当て、五行、すなわち木・火・土・金・水という民衆の思考律に該当するものです。古代の、まだ道徳の自覚にともなう聖人の教えがなかったときも、この道は潜在的《ポテンシャル》に無自覚のうちに行われていたのです。まだ人間というものが出現しなかったときにも、道は宇宙に存在し、この地球ができる前から周流していたものです。そしてたとえ人間の道（人倫）とか、地球が消滅したときでも、永遠に消え去ることはありません。ましてこれから後の時代においても絶えることはないでしょう。しかし法は、聖人がそれぞれの時処位に対応して適宜に作られたものでありますから、その当時にあっては道に相応して妥当なものでありました。ところが、時が去り、人の地位・立場が変わってしまえば、聖人の制作した法といえども、適用しがたいところが出て参ります。時勢に適合しがたい法を実施すれば、かえって道を害《そこな》うものです。いまの学者が道と思っているものは、多くは道ではなくて法であります。時処位にぴったり適合したものでなければ、それは道とは申せません。

しからば道とは何であるかといえば、三綱（君臣・父子・夫婦）、朋友《ほうゆう》あるいは兄弟長幼といういろいろ人間生活の成立する関係がある。その一番の大本は君臣・父子・夫婦、これが三綱、五常はそれに基づく仁・義・礼・智・信がそれだ。それを天地人に配し、五行に配す。木・火・土・金・水という五行、これは東洋民族のほとんど民衆的思考律になっておる。いまだ道徳の自覚、それに伴う聖人の教えもないときでも、この道はすでに行われておった。この道は人間にちゃんとポテンシャル（潜在的）に、無自覚的・無意識的に行われておった。その道があったから、その内容があったから、だんだんそういう自覚が発達したのである。無から有は出ないので、無とは全有である。だから、人間が生ぜざりしときも、天地にはちゃんと道というものがあった。この天地分かれざりしときは、いわば太虚、宇宙に行われておったのであります。

「人倫天地無に帰すといえども、亡ぶることなし」、これらは現象の世界の栄枯盛衰にかかわらず、本質的に存在するもので、「況んや後世をや」であります。そこでそういう本質を元来存しておった道に基づいて、現象世界に処して、聖人がその時代、その場所、その地位に応じて、どうすることがよいかと、事の宜しきに従って作り上げたものが法である。「故に其代にありては道に配す」、それゆえにその時代において、その法はその道としっくり配合されておった。しかし、時が去り、人位が変わったならば「聖法といえども用いがたきもの」である。法と道とが良く配合されなければかえって道に害が出る。「今の学者の道として行うは、多くは法なり。時処位の至善に叶わざれば」、本質の善に叶わなければ「道にはあらず」であるのであります。

例えば選挙問題、これが今皆さんのご覧の通り、議会政治、代議政治の運命を決する問題です。選挙といえば選挙法のことを皆考える。小選挙区制がいいか、中選挙区制がいいかとか、金のかからん選挙だとかを考える。これはこのいまの学者の道とし行うは、多くは法なりということである。ところが問題は、そんな中選挙区と小選挙区とがどう違うかと、どっちがいいかというようなことではない。もっと選挙というものが道に入らなければだめであります。

デモクラシー（民主主義政治）というものは、その国民全般の進歩を遂げるために、国民のすべてを通じて最も優れたエリートを選出して、東洋流の言葉で言うなら、いかなる野にも遺賢なからしめて、それによって、国民全般の進歩を図っていく。これが選挙というものの根本精神、本義である。したがっていろいろの意味、つまり大きく分ければ、人間的にも善であり、能力的にも優秀である人間が選ばれなければならん。優れておるだけ、ただ善良だけではいかん。善良で愚でもよくない。お人好しとか馬鹿とかでもいかん。能力的には大変できるけれど人間性が卑しくてはなおいかん。熊沢蕃山先生は「道徳の世界では、少々能力がなくても、善人である方が良い、徳がある方が良い。しかし政治はそれではいけない。それに才・能力というものが加わらなければならん」（『大学或門《わくもん》』）ということを論じてもおる。実は、これが幕府にちょっと睨《にら》まれたのであります。

政治というものは、蕃山先生の説を待つまでもなく、徳と才が揃《そろ》わなければならん。これをエリートという。それを選出するということである。それを偏頗《へんぱ》なく国民のあらゆる階層から選出することによって、国民全般の進歩を図るのがデモクラシーの本義である。そこでその選出方法を規定するのが選挙法であり、選挙法の前に選挙道というものがなければならない。選挙道なき選挙法なんていくらやってもデモクラシーにはならない。ところが、道を忘れてしまって法ばかりになるものだから、例えば自分が出やすいように選挙区を作ろうとすると、既選代議士が自分の都合のいいように線を引く。そうすると、今度は都合の悪いやつが逆に引こうとする。これを英語ではゲリマンダーという。このゲリマンダーの争いで、どうしたって小選挙区制が成立しない。これは自民党も社会党も皆同じ。道に基づかん法などというものは成り立たないのであります。

いまの党の首脳部やそれに言わされて、総理までが「金のかからん選挙」ということを看板にする。これは私は非常に浅薄だと思う。日本の議会政治の名誉のためにも、あんなことは言うべきでない。たとえそれが事実であっても、言うべきでない。もっと立派な国民の代表者を出すための選挙と言わなければならん。賢人を、真のエリートを、国民の満足するような人が得られるような選挙体制を作ると言わなければいけない。そこに今日の政治家が道を学んでおらんことが表れてくる。惜しいことであります。

しかのみならず、今の法に泥《なず》みたる学者は仁義をしらず。争心利害の凡情逞《たくま》しく、只己《おの》が気質の近きが為に、事を勤め法を用い、経学の文理をいうを以て、道者なりとおもえり。世の中の人、此の徳あれば此の病あり。寛仁なる生れ付《つき》の者は、行事に非なる事あり。大意をみるものは、細行《さいこう》を不レ顧《かえりみず》。篤実なる者は、才知不足なり。作法よくつとめて、争心我満《がまん》なる者也。人にたかぶるを悦《よろこ》びて、学を好む者あり。初《はじめ》の二は徳に付《つい》ての病なり。後の二は凡心を根として外をよくする者也。然《しか》れども其《その》生れ付文理にさときか、事を勤むるに得たるかの処《ところ》あればなり。

＊

それだけではなく、いまの法に凝り固まった学者は、人間の践《ふ》み行うべき仁義の道を知りません。むやみに人と争い、利害に惹かれる俗っぽさがひどくて、自分の気質が世俗の情に近いために、何かといえば法を用い、儒学、すなわち人間の根本問題を追究する学問の文脈を議論することをもって道者、道の実践者だと錯覚しているのです。世間の人は皆長所もあれば欠点もあるものです。お人好しで寛大な人は、生き馬の目を抜くような世間のことにはうといので、失敗しがちですし、大まかな人間はこまごました世事を顧みないものです。律儀な人間は知恵・才覚に欠けています。形式的な世間のしきたりはよくつとめるが、何かといえば人と争って我《が》の強い者もある。そうかと思うと、他人に自慢したくて学問を鼻にかける者もあります。最初の三つは徳についての弊害で、後の二つは、根は俗っぽいくせに外面を飾ろうとするタイプである。しかしこの二者には、人間の根本的な道理に聡《さと》いか、外面的な俗世間のことに勝れているかという大きな違いがあります。

しかのみならず、いまの法に泥みたる学者は仁義を知らない。争う心、争心利害の凡情ばかり逞しくて、ただ自分の気質の近きがためにそこに引っ張っていく。「事を勤め法を用い、経学の文理をいうを以て」、そういう下心で経学、人間の根本問題の学問の筋道、すなわち道を言うことで、道者だと思うておる。実は道から離れておる。「世の中の人、此の徳あれば此の病あり。寛仁なる生れ付の者は、行事に非なる事あり」、どうもゆったりとした心の寛《ひろ》い人は、どうかすると油断も隙《すき》もならないこの世の中に事に処しては抜ける、間違うことがあるのであります。

ときどき善人というものは、利口なやつからは馬鹿だということになる。「作法よくつとめて、争心我満なる者也」とは、外面的なしきたりはよく勤めるが、内心は争心我満、非常に人と争う心、自分は偉いと非常に我意のいっぱいな者、我満なる者がある。このへんの文章は創作のための創作ではないから、文章がときどきたどたどしいことがあるが、やむを得ない。初めの三つは徳についての病である。後の二つは凡心を根として外をよくする者である。「然れども其生れ付文理にさときか、事を勤むるに得たるかの処あればなり」、しかし、この二者には、人間の根本的な道理に聡いか、外面的な俗世間のことを行うことに勝れているか、という大きな違いがあるのであります。

◆善事と義理

今の学者、孟子《もうし》に継ぎて道を任ずというものあれども、只其《その》みずからたかぶる所の者は、文義を講談し格法をいうのみなり。或いは師とし学びたる者を毀《そし》りては、己れを是《ぜ》とし、或いは他の学者の非を揚ぐるを以てみずから賢なりとす。心に利欲逞《たくま》しく、当世の名を求めて毀誉《きよ》に動くことは、市井《しせい》の凡俗に違《たが》うことなし。況《いわ》んや其他は只朱王の贔屓《ひいき》をするばかり。仏氏の日蓮《にちれん》一向に似たり。たとえば能をするがごとし。公家或いは武将の装束して、是は房崎《ふささき》の大臣義経などと名乗るとも、其実は猿楽なるがごとし。凡心を不レ免《まぬがれず》して朱陸王学などというとも、其実は凡夫なり。たとい格法の学者、心志殊勝なる者ありて、行わんとする事善なり共、人情に委《くわ》しからでは、遂《と》げられまじく候。

＊

今時の学者の中には、孟子の学問を継承し、その道を体得していると自任する者がありますが、その尊大に振る舞うのは、ただ『孟子』の中に書いてある文字・文章の意味を講じたり、単なる文法や訓詁学《くんこがく》的なことを語るばかりであります。あるいは自分の師匠をけなしては、己れの考えを正しいとしたり、あるいは他の学者の過失を指摘することによって、みずから賢明なりと誇示する。欲が深く、世間の名声を求めるに汲々として、毀誉褒貶に左右されやすいという点においては、街の俗人と同じことです。ましてそのほかの学者は、朱子や王陽明の贔屓をするばかりで、仏教の信者が日蓮宗がよいとか、一向宗がよいとかいうのと似ています。あたかも能を演ずるようなもので、公家や武将の装束をして、我れこそは房崎《ふささき》の大臣《おとど》だ、義経だと名乗っても、その実は猿楽、戯れの演技にすぎないのと同じことです。俗っぽい心を脱却しないで、いくら朱子や陸象山《りくしょうざん》、王陽明の学問だなどと口先だけで唱えても、その実態は凡夫、つまらん男にすぎないのです。たとえ文章や文法・訓詁の学者であって、しかも学問に対する志が特に勝れている者が居り、その行おうとすることが善くても、人間や世間の実情をよく呑み込んでいなければ、理想を実現することはできません。

いまの学者は『孟子』を読んで、文字の意義、文章の意義をお喋《しゃべ》りして、その文章の中の格、文章のどこがいいとか、どこがどうできているといった単なる文法や訓詁学的なことを言うばかりである。「或いは師とし学びたる者を毀りては、己れを是とし、或いは他の学者の非を揚ぐるを以てみずから賢なりとす。心に利欲逞しく、当世の名を求めて毀誉に動く」ことは、いまで言うならば、ジャーナリズムにもてはやされることを狙《ねら》って動くということ、これは市井の凡俗に違《たが》うことはない。「況んや其他は只朱王の贔屓をするばかり」、朱子が偉いとか王陽明が凄《すご》いとか言っている者ばかりである。仏者の日蓮宗がいいとか一向宗がよいとかいうのと似ている。「凡心を不レ免して朱陸王学などというとも、其実は凡夫なり。たとい格法の学者、心志殊勝なる者ありて、行わんとする事善なり共、人情に委しからでは、遂げられまじく候」、たとえそういう学問の格、学問の法をよく志し健気《けなげ》だというものであっても、世間や人間の実情をよくのみこんでおらんと、形式的・抽象的で志が遂げられないのであります。

又今の人情にしたがうというものはしからず。義のまさになすべき道理をも、人情あししとて行わざるものあり。此は人の利欲をそだてて義をそこなう者にて候。善事と義理と又分別あり。事は善なりとも、人情に戻《もと》りなば遠慮あるべし。義の大なる事には、人情を憚《はばか》るべきにあらず候。

*

ところが、当世の人情に順《したが》うという者は、そうではありません。たとえ義であっても、世俗にもてはやされないから、といって行わない者があります。それは人々の利欲を野放図に増長し、善を害《そこな》うものであります。ただ善いということと、いかにすれば正しい義であり理であるかということ、つまり本質と実践とはおのずから区別があります。本質的には善いことであっても、人情という現実の問題に違反するときは、性急に考えないで、長期的な見地から手加減しなければなりません。しかしながら、義の大なること、つまり国や民族の運命を左右するような大問題に対しては、人情に捉われないで、断乎として決行しなくてはなりません。

これは良いことだが、どうもいまの為政者《いせい》には受けそうにもないから、と行わない。これは人の利欲を育てて義を損なうものである。「善事と義理と又分別あり」、善ということと、どうすることが義か理かということ、つまり本質と実践とは、また自ずから区別がある。事は善であっても、この問題、このことが本質的にいいことであっても、人情という現実の問題に戻ると、遠慮、つまり性急に考えないで、長い目で見て手加減しなければいけない。このあたりが蕃山先生の本領が見えるところであります。

しかし「義の大なる事」になれば、われわれの至上命令の大きな問題になってくると、「人情を憚るべきにあらず候」、断々乎として、たとえ一時の表面的なそれこそ前頭葉的な議論やあるいは末梢《まっしょう》的な感情、そういうものと矛盾しても断々乎としてやらなければならん。要するに、この道と法、実在と現象、これをはっきり把握するとともに分別しなければならない。この議論はまことに今日でも身に沁《し》みる。限りなく示唆されることであります。

国連でも中国加盟問題（昭和四十一年）が大変苦しいことになっておる。日本がいつも国連で軽蔑《けいべつ》されるのは、絶えず右顧左眄《うこさべん》というか、中国を国連に迎えようという賛成派と反対派の票読みをするような態度だからである。つまり、義の大小がはっきりしない。義の大なることであれば、人情・世情を離れて断々乎としてやらなければならんという見識がない。単なる知識に、少し道徳的な、内外に通ずる深い教養が加わって、こうなければならぬと判断を下すのが見識である。この見識に実行性、いかなる矛盾・衝突をも排して、断固としてやる勇気が加わると、これを「胆識」と言うのであります。

これは政治ばかりでない。われわれの日常の行事でもそうだ。こうしなければならんとわかっておっても、これは知識にすぎない。判断を下すのが見識だが、しかしそこまでで、いろいろの矛盾や抵抗に遭うて、決意がつかんというのは見識が宙に浮いているわけである。実行性がない。それに対して、いかなる矛盾・抵抗があっても、義の大なるものという見識の前にこの決断をする、断行するという勇気をもった見識、これを胆識という。ことに矛盾の多い政治家などにはこの胆識が必要であります。

その点において、今度の国連の総会で日本がアメリカと提携して、断固として中国の国連加入に反対をしたことは、世界の識者、反対者も含めて佐藤内閣は偉いぞという呼び声があった。ところが、今度の改造で三木武夫さんを外務大臣にした。これでまたいまや識者は戸惑うておる。三木外相は中国を国連に加入させるべきであるという意見です。総理大臣は加入させるべからず、外務大臣はすべきだとなれば、内閣の統一性というものがない。やはり見識・胆識が足りないと言われても仕方がない。というよりも、あんまり枝葉末節に忙しすぎて、主義とか信念とかいう心が亡んでしまう、忙殺されているからである。何とか現代の日本人はもう少し心の余裕を与えるだけの閑《ひま》を作らないと大事なことほど抜けてしまう。とりわけ、総理はじめ要路におる者に少し閑をやって、ものを考えさせ、せめて蕃山先生のような優れた人の書物なども読ませたいものであります。

◆金と銀

そこで今度は、そういう根本問題の反対の、極めて現象的な金銀の議論に入りたい。

朋友《ほうゆう》問うて云《いわく》。黄金白銀は乾坤《けんこん》の至精《しせい》なりと申し侍《はべ》れば、多くほり出して異国へ渡し侍る事は、いかがと申す人あり。又有《う》を以て無にかゆるは常の理なり。人道は文章ある事なれば、唐《から》のおり物を来たして、衣服の美をなすことも礼なりと申す人あり。いずれか是《ぜ》にて侍らん。

＊

ある友人の質問。金や銀は天地の精粋、天地の一番本質的なものであると申します。それほど大事なものをどしどし発掘して外国へ輸出するのはどうしたものか、と申す人がありります。また物が豊かなところから物のないところに移し変えるのは、当然のことわりであります。人の道はさまざまな文《あや》（模様）や章《かざり》（装飾）に表現されているものでありますから、シナの織物を輸入して、われわれの衣服を美しくすることも礼であると申す人もあります。どちらが良いのでしょうか。

「黄金白銀は乾坤の至精なり」、天地の一番に本質的なものである。多くを掘り出して異国へ渡すのはどうかと思う。「又有を以て無にかゆるは常の理なり。人道は文章ある事」、人の道は表れていろいろの文・章（あや・かざり）となるが、「唐のおり物を来たして、衣服の美をなすことも礼なりと申す人あり」、いずれが是でありましょう。蕃山先生が答えて言う。

日本の四海にすぐれたるという事は、国土霊にして人心通明なるゆえなり。近世は国土の霊もうすく人もおとりゆく事は、山沢の至精をたくわえ、かくさずして、金銀銅鉄多くほり出し、異国へまで渡し、山あれ、川浅く成りたるゆえにてもあらんか。又有無をかうるといえる事は、かえずして不レ叶《かなわざる》物なり。薬種などのたぐいなるべし。糸類の物は、唐物を来たさずとも、政道のありようにて日本の中にて事たるべし。昔から物すくなく日本のきぬのみ用いたる時は、かえりて人道も風流に侍りき。近代唐物多くきてけっこうなれども、人道いやしくなり侍り。人も才知のあらわれ過ぎたるよりは内にたくわえて徳を養い、時に用うることよく侍れば、金銀も世の中に多すぎたるよりは、国土の精と成りて、山中にふくみたるやよく侍らん。

＊

回答。わが国が世界にすぐれているということは、国土が霊気に富んでいて、住む人々の心が通明——道理に通じて国民性が明るいからであります。近世になって国土の霊気が希薄になり、人々が劣悪になりつつあるのは、山や沢に大切な精粋を蓄えないで、金銀銅鉄をどんどん発掘して外国へ渡し、山が荒れ、川が浅くなったせいでしょうか。また有無《うむ》相通じ、外国と交易するということは、生命本来の作用であって、交易をしないわけにはいかないことです。したがって薬の材料などはどんどん輸入するがよろしい。しかし織物などは唐の国から輸入しなくても、政治のやり方次第では国産でも十分です。むかし物が乏しくて、国産の絹だけ着ていた時代は、かえって人々は雅やかで趣きがありました。近代は唐の製品が輸入されて結構なことですが、かえって人々の風俗が卑しくなりました。人間も才智がふんだんに表面に露出している状態よりも、むしろ内面に含蓄して人徳を培養し、時たま才智をはたらかせるほうがよろしい。そのように金や銀も、あまり世上に出しすぎるよりも、国土の精粋《エキス》となり潜在エネルギーとして山中に蓄えたほうがよいかと思います。

「日本の四海にすぐれたるという事は、国土霊にして人心通明なるゆえなり」、これはいろいろな面から昨今もだいぶ自覚され説明されてきておりますが、例えば、物理学者の中には、放射能のいろいろな研究から、日本の土地は非常に若くて、放射能が非常に強いという。これはいわゆる霊である。奈良県の大神《おおみわ》神社へ参ると、何となく霊気を感ずるのもそのためである。あそこの水を使うと茶も旨《うま》い、酒も旨い。というのはこの「乾坤の至精」、天地の至精である。あの山には稀元素があるに相違ないというので、ご神体になっている山に大いに食指を動かしている者もずいぶんあるのであります。

また、ある種の科学者は太陽の色をスペクトルで分けると、赤・橙《だいだい》・黄・緑・青・藍・紫と七色に分かれるが、中国では帝王の色を黄色としており、日本でも黄《こう》櫨《ろ》袍《ほう》・黄《こう》櫨《ろ》染《ぜん》のように、天皇陛下の衣服に黄色を使う。ところが、植物学者たちの共同研究の報告によると、種子とか芽に黄色光線を当てると、一番成長が見事であるという。「易」に黄中《こうちゅう》というけれども、黄色は中色であり、延びる、進歩発展するという意味で、黄色が七色の中では一番豊かな創造力を持っておる。そうすると今度は民俗学者が、「そこで黄色人種というやつが一番偉いんだ」と言うが、黄というのは最も乾坤の精なるもののようである。これを総合統一すると無色、すなわち白くなるので、白も重んぜられる。そこで昔から黄金白銀は乾坤の至精というが、日本はその乾坤の至精に恵まれておる。したがって「人心通明」である。昔から明・

清・静（謐《ひつ》）ということが古神道の三根本精神になっておるが、人間の幼児・児童を調べてみると、明るい・清いということに最も敏感である。そして、あらゆる活動の調和は静の感覚になる。たしかに日本の古神道が表すように日本民族は本来通明であります。

ところが「近世は国土の霊もうすく人もおとりゆく事は、山沢の至精をたくわえ、かくさずして、金銀銅鉄多くほり出し」、含蓄、潜在的能力化されるのがいいわけである。そうしないで、かくさないで、金銀銅鉄を多く掘り出して、外国へまで渡し、その結果、『山あれ、川浅く成りたるゆえにてもあらんか」と叱る。「有無をかうる」というのは交易することである。交易するということは、生命の本来の作用であるから、いろいろに交流しないわけにはいかない。したがって、薬種などは外国から輸入して、どんどん交流するがよいのであります。

「糸類の物は、唐物を来たさずとも、政道のありようにて日本の中にて事たるべし」糸類のものは、唐物を輸入しなくても、政道のありようでは、日本のもので事足りる。「日本のきぬのみ用いたる時は、かえりて人道も風流に」なるのでありま す。

この間、聞いた話に目を瞠《みは》らされたことがある。ごく最近、石油からパルプをとることに成功した。これは偉いことで、特に山林を乱伐して、山が赤く荒らされ川底があかくなっておる、自然を荒しすぎておる日本に、石油からパルプができるようになったとは、実に瞠目《どうもく》に値する。そうなると、例えば紙にしてもあるいは建築にしても、ますます木造なんてなくなり、また反面において風流になる。変化の妙で、「近代唐物多くきてけっこうなれども、人道いやしくなり侍り」である。「人も才知のあらわれ過ぎたるよりは内にたくわえて徳を養い、時に用うることそよく侍れば」、何にしても人間のいろいろの能力はできるだけ潜在的に豊かにして、少しずつ表すのがいい。だから、「金銀も世の中に多すぎたるよりは」、通貨と同じことで、インフレーションになるよりは、少し締まったほうがいい。「国土の精と成りて、山中にふくみたるやよく侍らん」、その国の自然が、人工よりも少し多くなければ、つまり人工的表現が、自然的素質の少し外に表れているというような具合が一番いいのであります。

このごろのようにせっかくの美田やら沃野《よくや》をつぶして、工場にしたりゴルフ場にしてしまう。日本はやりすぎる。ゴルフ場なんてけしからん。あんなものはいくつかあればいいのに、どこの府県に行ってもメチャクチャ作っている。ひどいのになると、県当局が営利会社と結託して、国有林や県有林をゴルフ場にしている。わざわざ国有林と県有林との等価交換をやらせて、タダ同様に払い下げ、県庁の天下り職員を重役に迎え、そして残った膨大な余分の土地を別の会社に数十倍の価格で売却している。こうして、大事な山野を厭《いと》わしい営利の対象に弄《もてあそ》び、どんどん自然をつぶしてしまうのだ。海も埋めてしまう。日本人はもう少し自然を温存しなければならない。人間個人においてもそうだ。あまりに才とか智とかに走りすぎる。山や野や海を荒らすと同じように、日本人は才知というものを表面に出しすぎている。本来、人間は氷山と同じように、三十センチの才知が表面に出ていれば、その奥には一・五メートルくらいの徳というものがあるはずなのである。あらゆる意味で、生命力というポテンシャルが体の中に八割ぐらい蓄積されて、二割が出ておるのがよいのであります。

個人の社会的活動・地位というようなものも、中国の袁了凡《えんりょうぼん》の「功過格《こうかかく》」といった思想の一つの原則になっているが、「あれだけの人が、あれぐらいの地位にいるのはお気の毒だ」というぐらいのところにいるのがちょうど良いのであります。

また、子孫ということを考えても、非常な徳や才能がありながら、何代もの親たちがむしろ野にあった、埋もれていた、そういう人の子孫から偉人が出る。「将門・将を出《い》ださず」「金持ち三代なし」というように、貧乏はいくらつらくても七代我慢したらもう子孫は貧乏でなくなる。蓄積するほどいい。だから親父《おやじ》は「俺《おれ》はもっと出世して当然なんだけど、それをしなかった」というのは、子孫のためになると思えば、どんなに不運でも、もって慰むに足る。「国土の精と成りて、山中にふくみたるやよく侍らん」で、皆さんも安心して、ジタバタしないで勉強なさると、子孫に偉いやつが出ると思うのであります。

第二章

日本精神

◆蕃山先生の日本精神論

蕃山先生の語録は世間普通の知識の書と違って、心の書、心学の書であるから、ただ文字や語録を注釈して、それでいいというものではない。たとえ一節の文章といえども、もしその心を語るとなると、際限のないものである。そうでなければ生きた学問とは言えない。単なる学校での勉強と同じことになってしまう。その意味では、必ずしもすべてを読まなければならんということはない。どの一つをとっても「水を掬《きく》すれば月手に在り」、つまりどの水を掬《すく》っても、必ず円満な月がそれに映ると同じことで、どの一文をとっても、そこに蕃山先生の面影が丸く円に映るのであるから、本当は一文を読めば、それでもいいわけであります。そういう心で学んでほしいのです。

再書略。中夏《ちゅうか》の聖人を日本へ渡し候わば、道学の教いかが可レ被レ成《なさるべく》候や。

返書略。儒道と申す名も、聖学と云《い》う語も、被レ仰間敷《おおせらるまじく》候。其《その》ままに、日本の神道を崇《あが》め王法を尊んで、廃《すた》れたるを明らかにし、絶えたるを興《おこ》させ給いて、二度神代《ふたたびかみよ》の風かえり可レ申候《もうすべく》。からめいたる事は、何もあるまじく候。国土によって風俗ありといえども、天の神道は二なく候えば、儒といい仏といい道と云う名を、其の国ならぬ国へ持ち来《きた》る事は道をしらぬ者のしわざにて候。

＊

再度の書翰《しょかん》。中国の聖人を日本へ寄越したら、道の学問はどういうふうに伝わるでしょうか。

返信の大略。儒教とか道教という名称も、聖学という言葉も、聖人ならば仰言《おっしゃ》らないでしょう。そして、それまで日本で行われてきた日本の神道を崇め、王法を尊敬して、廃《すた》れたものを明らかにし、絶えた道を復興して、ふたたび神代の風《ふう》を回復されるでありましょう。唐流のことは行われないでしょう。大体、国土の違いにより、それぞれの国の風俗というものができ上がるものですが、わが天津《あまつ》国の神道はこの世に二つとない立派なものでありますから、儒教といい仏教といい道教という名称を、外国であるわが国に持ち込むことは、道を知らぬ者の仕業であります。

中国の聖人を日本によこしたなら、道の学問はどういうふうに伝わるのでしょうか。儒教は日本で宣揚されるのでしょうか、あるいは道教は宣揚されるのでしょうか。

これはいい質問であります。

それに対して蕃山先生の回答であります。

「儒道と申す名も、聖学と云う語も」、本当にできた偉い人であったなら、まことの聖人であったなら、おそらく儒・道とか聖学という語も仰せられないであろう。そのままに、「日本の神道を崇め王法を尊んで、廃れたるを明らかにし、絶えたるを興させ給いて」、再び神代の風に還るでありましょう。「からめいたる」とは唐流、そういう事は何もあるものではない。「国土によって風俗ありといえども」、日本の神道は二つとない立派なものであるのだから、「儒といい仏といい道と云う名を、其の国ならぬ国へ持ち来る事は道をしらぬ者のしわざにて候」、儒・仏・道の教えというけれども、日本に持ち込んだのは道を知らない者の仕業である、というのであります。実に高邁《こうまい》なる、そして徹底した識見と申さねばなりません。

幕末から明治へかけて、人物は実に多士済々《たしせいせい》であったが、特に人物の器量・識見、それから学問、この三拍子そろったという点において、まず三傑を挙げることができる。東においては藤田東湖《とうこ》（一八〇六～一八五五）、近畿においては京の春日《かすが》潜庵《せんあん》（一八一一～一八七八）、それから西においては熊本の横井小楠《しょうなん》（一八〇九～一八六九）であり、この三傑は残されたいろいろの遺文・遺書を通じて想像するごとに、驚嘆というか、感服を禁じえない人々であります。

しかも、この三傑には自ずから相通ずるところがある。潜庵はあまり旅行しなかった人なので藤田東湖とは面識がなかったようだが、旅行をよくした横井小楠は東においては藤田東湖に一番感銘しており、近畿においては春日潜庵に服しておる。この横井小楠が健在でありましたら、明治維新にまた大きな影響を与《あず》えていたと思うが、惜しいかな、ご承知の通り早々に刺客の手に倒れて、明治新政府の建設に与かれなかった。この横井小楠の識見と風格は実に非凡であって、この小楠が最も心服しておったのが熊沢蕃山先生である。蕃山先生の学問、したがって『集義和書』『集義外書』を彼は本当に心読しておる。たぶんこの一文なども非常に彼の共鳴を強くしたものだと思います。

一方、フランスの学者に、日本人にはあまり知られていないが、アインシュタイン（一八七九～一九五五）を半円とすれば、ちょうど別の半円になると言われるタイヤール・ド・シャルダン（一八八一～一九五五）がいる。パリのカソリック大学の地質学教授で、また考古学・人類学・神学者でもあった。東洋・中国研究でも有名で、北京原人の骨を発見した一人でもあります。著書には『現象としての人間』『神のくに・宇宙讃歌』など非常に興味あるものを遺されている。アインシュタインが人間から入って、だんだん自然に徹していったが、シャルダンは自然から発して、だんだん人間に徹していった。そして自然と人間というものを一貫して洞察しております。

彼に言わせると、そもそも地球が太陽から分かれた濛々《もうもう》たる草創の時代、言わば天地開明の期《とき》で、やがて水が生じ、海となり、その水からやがて万物が発生してきた。つまり、最初は無機物の世界・水の世界（geosphere、hydrosphere）と言うてよろしい。その中から、次第に植物や原始動物、いろいろの生物の世界が現れ、今度は文明文化の世界（noosphere）になった。noos はギリシャ語で「精神」という意味である。geosphere から biosphere（有機的生命世界）、そして noosphere、つまり、濛々たる天地の気から次第に生命の世界が現れて、そこから精神の世界が現れてきて、そこに発達したものが人間であると推論したのであります。

それまでの西洋の学問では、もっぱら自然と人間とを対立的に考え、人間の歴史を自然の歴史から区切って、そして人間が自然を征服するというような考え方さえ発展した。こういう考え方は間違いである。物の世界・自然の世界と心の世界・人間の世界とは、同一系統のものである。したがって、人間の霊妙ないろいろの機能というものは、いずれかの程度において自然に含まっている。東洋の言葉で言うなら「天地同根・万物一体」となる。東洋的思索の一つの根本的命題であり、シャルダンは、まさにこれをそのまま言うておる。古くから伝わっておる「天地同根・万物一体」説を説き直しておるにすぎない。このすべてを通ずる自然、あるいは天の働きというものは、実に不可思議な限りない創造・変化であり、これを「造化」と言う。これはあらゆる自然科学者が競って解明しておることで、自然科学は結局、東洋の歴史的学問でいうところの「造化」という一語を、限りなく豊かに、興味深く解説しておるものと言うてよろしい。

したがって、自然と人生とは共通した一つの道であるが、その内容は、限りなき創造・変化であり、これが道の二大眼目である。西洋人はこれをdiversityと言う。要するに生の千変万化である。生命力・創造力の旺盛《おうせい》なほど変化に富んでいる。それが単調であれば、それは生の限られたる姿であり、生の豊かさに恵まれたところでは、非常に内容が豊富で変化があります。

その意味で、わが日本は最も生の豊かさに恵まれた天地である。この反対に、中近東とかアラブなどは、最もダイバーシティーのない、単調な荒涼たる世界、生の瑞々《みずみず》しいところがない天地である。日本を出てインド洋を越えてアラビア半島の一角アデンに着くと、本当に満目荒涼たるもので、よくこんなところに人が住めると思う。戦前は中近東の人の平均寿命は三十五、六と言うていましたが、まさに「荒涼」という一語に尽きます。

そこへいくと日本は実に瑞々しい。飛行機で大陸を横断して、日本の海へさしかかってくると、岸辺に海のさざ波がよく映って、日本の島々は実に美しい。昔、秦《しん》の始《し》皇帝が日本を東方神仙の国と考えて、不死の薬を求めて徐福《じょふく》を派遣したという伝説（『史記』始皇本紀《ほんぎ》）も、故あるかなである。事実、日本は国土が非常に若い。したがって放射能が非常に豊かである。つまりエネルギー・地力が豊かであり、それに養われて山川草木・禽獣《きんじゅう》魚介の種類もまた非常に豊富であります。富士山麓《さんろく》の植物や動物の種類は実に変化に富んでおります。

そこで、日本人の肉体はちょっと他民族にない弾力性を持っている。ダイバーシティーを持っておる。第一に、外国人が日本に来て驚くのは、世界中の食べ物・飲み物があることである。ちょっと町を歩いても、朝鮮料理・フランス料理・インド料理・アメリカ料理、もうなんでもあります。実に豊富なものです。西洋の人など異民族の人々はなかなか他民族の食べ物や酒などを自由に飲み食いできない。いきなり日本酒を飲んで、みそ汁と沢庵と刺し身でというわけにいかん。すぐに腹をこわしたり、そもそもそういう舌を持たない。ところが日本人はもうなんだって食べられる、飲むことができる、それをエンジョイすることができる。こんな舌や胃を持った国民というのはちょっとない。日本人の生命力・エネルギーが若いから、そういうことが可能なのです。

◆日本人の優れた陶鋳力《とうちゅうりょく》

しかし、だからといって暴飲暴食はいかん。あまりいろいろなものを飲み食いすると身体に悪い。身体に合うものを正しく摂《と》らなければならない。機械文明が発達すると世界中のものが容易に集まるが、それを無思慮に始終食べると、人体の生理機能を破壊するのです。

同じように、注意をしなければならんのが精神・頭脳である。日本人の精神・頭脳は非常にダイバーシティーに富んでおる。思想・信仰の上からも自由であり寛容であり、古来の神道のほかに仏教が来れば仏教、儒教が来れば儒教、キリスト教が来ればキリスト教と、なんでも取り入れる。そして、消化吸収し自分のものにしてしまう。ついには、西洋のデカダンスからリベラリズム、共産主義なんてものまで、実によく取り入れる。ときには中毒したり、下したり、吐いたりするけれど、とにかくよく取り入れる。しかも食い物・飲み物と同じようにエンジョイする。仏教が来たときに、どんなに興味をもったか、儒教にしてもまたしかり。日本独特の神道はいつの間にか儒教・仏教などをみごとに取り入れて、たえず新しい神道を作っております。

これを山鹿素行《やまがそこう》（一六二二～一六八五）は「天縦《てんしょう》の神聖」と言うておる。天のほしいままにさせるところの神聖、非常に優れた働きであり能力である。だから仏教も日本仏教となり、儒教も日本儒教、道教も日本道教、キリスト教も明治初年には日本的キリスト教が盛んになった。それは明治時代に本当に日本精神を持った人が多かったからである。私の見るところでは、押川方義《まさよし》（一八四九～一九二八）や松村介《かい》石《せき》（一八五九～一九三九）などは、キリスト教徒の牧師であるけれど、非常に日本的な人であった。フランスのカンドー神父は、日本には西洋のキリスト教を持ち込んでもだめで、日本的キリスト教でないとだめであると、堂々たる日本語で書いておる。この人はそれに気がついておる。最もこなれの悪い毒性の強いやつは、マルクス・レーニン主義というやつで、これは日本的になっておらない。これを一番なんとか始末せんといかんのですが、とにかく日本は非常に包容力があって、しかもこれを日本的・個性的に創造し、造化してゆく。だから、真の日本精神、民族的能力を持った人にかかれば、いかなる国、いかなる民族の学問・信仰も「陶鋳」され、日本的なものになります。

事実、先ほど挙げた藤田東湖とか、春日潜庵とか、横井小楠なんていう人は、まさにそういう陶鋳力を持った人で、なんでも日本化する。日本化するということは、アメリカ臭、ロシア臭、フランス臭、そういう臭みがなくなって、蕃山先生の語録にいう「からめいたる事は、何もあるまじく候」ということになる。ロシアめいたる、アメリカめいたることは何もあるまじく、日本本来の聖的なものになる。だから本当に日本を知るならば、中国の聖人、どこの聖人の教えも日本に渡ったなら、その国の教えも思想・文化というものも、生《き》のまま持ちこむことをしない。ちゃんと日本に合わせるようにするはずである。また日本人はそのように受け取ることができる。これが日本精神であり「天縦の神聖」なのであります。

こういう至極《しごく》のところになると、素行も蕃山先生もちっとも変わらない。中江藤《とう》樹《じゅ》先生（一六〇八～一六四八）なども、やはりそういう人であった。とにかく、日本人とは、非常な造化力を本来持っておる。生命力が旺盛で健康であれば、なんでも消化でき、それがその人独特の体質・風貌《ふうぼう》をつくっていくように、日本民族精神が旺盛である。日本精神の粋《すい》を体得した人ならば、外来の思想・信仰・学問を自在にこなして、それを極めて日本的なるもの、日本民族的なるものにリクリエイトしていくはずである。そういう人が一番純粋の日本人である。その意味において、蕃山先生のこの日本精神論はその識見を証明するもので、貴重な指摘であります。

江戸後期に葛城《かつらぎ》の慈雲《じうん》尊者（一七一八～一八〇四）という真言宗の僧がいた。「雲伝《うんでん》神道」と世間が称するほど神道に深く入った人である。また、藤樹先生とよく一対に言われるのが盤珪《ばんけい》禅師（一六一九～一六九〇）であり、「伊予の大洲にすぎたるものは、中江藤樹に盤珪和尚」という歌があるくらいである。ただし、盤珪と藤樹とは同時代ではない。禅師が加藤侯に迎えられて如法《によほう》寺に入山したのは、藤樹先生が大洲を去られた後である。この盤珪禅師などは、非常に禅を日本化した識見の高い名僧で、幼少のころに『大学』を読んで、「大学の道は明徳を明らかにするに在り」という冒頭に引っかかって、もうそれに病みついて、とうとう血を吐くところまで苦心・思索したと述懐している。この盤珪禅師によって、どれくらい禅が日本化したか、計り知るべからざる功徳であります。

なお、日本化の一例を言うと、「かーっ」（喝）という禅語は中国宋代の俗語で、日本語で言えば「馬鹿」ということだ。それをそのまま使っている。また禅語の「這箇《しゃこ》」は「この」という意味で、「那箇」は「あの」であって、thisとかthatとかいう意味の俗語である。あるいは「作麼生《そもさん》」というのは「どうだ」といっておどしつけることである。盤珪禅師はおかしなことを言うといって、それを道破しておる。盤珪禅師の本を読んでみると、中国語をそのまま日本語化した言葉がたくさんある。道元禅師（一二〇〇〜一二五三）の『正法眼蔵《しょうぼうげんぞう》』なども、漢字でなく仮名書き文で書いている。優れた人は実によくそういうふうに消化しております。

しかし、そういう日本人の精神が戦後というより第一次世界大戦後のころからだんだん民族精神の頽廃《たいはい》で、せっかくの「天縦の神聖」が怪しくなって、だいぶ鵜呑《うの》み、ないしはその中毒になるようになってきた。戦後のいまがその最も悪い状態であると言うてよろしい。敗戦後の占領軍の日本管理政策が幸いにして非常に早く解消することができたので、どんどん健康を回復するかと思ったが、どうもあの打撃が今日でも深刻に残っておる。打撃という病弊が、今日ではがんになったんじゃないかという気もせんでない。それも胃がんとか子宮がんとか乳がんとかじゃなく、肝臓がんや脳腫瘍《のうしゅよう》に近い。戦後占領されて進駐軍の政策で支配されたあの数年間に受けた病弊・打撃というものから、完全に立ち直らなくて、それが元凶となり肝臓がんや脳腫瘍になっておると思うのが増えてきた。精神的にそう感じる。熊沢蕃山先生をもし今日あらしめたら、この日本精神論のあとにどういうことをされたか、非常に興味を感ずるところであります。

◈日本人と道徳

ここで、蕃山先生の話は一応終わります。そして、最近（昭和四十二年当時）の世界の動きを見つめながら、日本および日本人はどうあらねばならないか、この講話の最後として私なりの結論を述べておこうと思います。

いままでの講話でしばしば、ときにより折りにふれて話しておいたことでもあるが、まず第一に指摘しなければならないのは、いまの日本人は道徳嫌いになっておることである。別の言葉で言うと、日本人は宗教は理解しようとする、あるいは好むが、道徳は嫌うということです。少なくとも、道徳というものは古臭い、新しい感覚のものじゃない、という考え方がある。私はこれが怖いのであります。何か重大な問題、成り行きがどう変化するかわからんという問題になると、日本のマスコミ、ジャーナリストは、旗幟《きし》を鮮明にしない。ただ事実報道だけをやり、それへ少しずつ自分の感情を混じえる。これこそ世界の識者の顰蹙《ひんしゅく》を買っておるところだが、それはそのまま政治にも表れます。

例えば中国の国連加盟問題である。世界の国々でしきりに議論されているのに、日本の政治家はまさに無定見・無識見なるもので、ものを断定する勇気・見識がない。胆識がない。中国に関するニュース、世界の評論ばかり取り上げているだけで、自分はこう思うとはっきり言わん。他の国からすると、日本は何を考えているのかということになる。中国を入れる票が多くなるのか、ならんのかということばかり研究しておる。多くなりそうだと、日本は親中国になる。あるいは、文革について世界が反対すると、日本も反対へ傾く。はっきりしない。そしてそれを「中庸で行く」とか言う。そんな「中庸」なんてどの古典にもない。中庸の言葉の意味を一つも知っていない。それは最も卑劣で臆病《おくびょう》なコウモリ主義というのであります。

いまのジャーナリストは私のことをよく思ってないようだ。なぜかというと「あの人はあまりはっきりモノを言いすぎる」と言うんだ。はっきりモノを言って悪ければ、どうすればいい、ニヤニヤしたらいいのか。実にピントがはずれている。バスに乗り遅れまいとするだけで、無定見・無識見に籠《こも》り、モノを断定する勇気がない。絶えず形勢を観望して「中庸」といった言葉を軽々に吐いているにすぎません。

同じように「道徳」についても非常に錯覚しておる。道徳というものは是非・善悪を裁いてはいかんのだと思っておる。キリスト教でも言うとるではないか、「誰かこの女に石を投げられるだけの者があるか、汝《なんじ》自身に問うてみよ」と。それが道徳だと軽薄な解釈に甘んじている。是非・善悪をはっきり言うなんて、人間としてはおおよそ横着な話なんだと言う。そこまではまだいい。それが道徳であって、中庸だとなると、だんだん歪曲《わいきょく》されて、わけのわからない日本人になってしまう。そうではなくて、真の意味の道徳とは、是非・善悪をはっきり裁くものなのであります。

イスラエルとアラブ連合の戦いのときに、そういう意味で私ははっきりモノを言うた。私が主宰する「師と友」（昭和四十二年七月号）の巻頭にはっきりとこう書きました。

アラブ連合の盟主ナセル大統領はいわゆる覇術を弄《ろう》した。しかも自ら恃《たの》まず、ソ連の如き覇者を恃んで、アカバ湾を封鎖し、スエズ運河を閉鎖し、英米諸国を恫喝《どうかつ》して、イスラエルの抹殺を揚言した。

イスラエルは平生隠忍自重し、常在戦場の覚悟で用意おさおさ怠りなかった。機を見るに敏なダヤン国防相らは、敵の虚勢を十分察知して電撃的作戦能《よ》く功を奏した。その上、戦勝に驕《おご》らず、大義名分を明らかにして、スエズ運河の制圧を控え、チラン海峡を掌握して、しかも公海なるを以てアラブ連合にも海峡通過を許可する旨の宣言を行った。エルサレムを回復して、イスラエル軍が感奮の余《あまり》、回教徒たちの聖堂の金色燦《さん》たるドームの上にイスラエルの国旗を立てたのを見て静かに降ろさせた。これこそ王道的態度である。然《しか》るにソ連は何らアラブ側を責めることなく、非をイスラエル一方に帰して、恫喝している。英米を始め、これに対して、徒《いたず》らに顧みて他を言うに過ぎないのは、何という怯惰《きようだ》であり卑屈であるか。弁ずる者は言う。これ以上戦争に駆りたてては大変だからと。むしろその遁辞《とんじ》が戦争を誘うものである。政界はもとより、評論界も凡《すべ》て渾沌《こんとん》たる巾に、東京新聞筆洗子（六月九日）の一文の如きは光っていた。曰く、アラブ連合側は単に軍事上だけでなくて、道義的にも負けた……と。これが一番大切な問題である。然《しか》るにその文後に曰く、「道義などと古くさい言葉を使ったが、多くの人が納得できる共通の心情と言い直してもいい」と。その意はわかる。然し「無くもがな」とはこのことである。具眼の論客にも、こんな流俗心理の汚染がある。公害の一つであろう。

ところで、いったい、なぜこのごろの日本人が宗教は好むけれど、道徳を嫌うのか。私はこの講話シリーズでもかなり詳しく話したと思うが、とにかく道徳がないと、人間は間違いなく滅びるのであります。人体の生理でいうなら、抑制機能がないと人間はだめになる。ホルモン機能がないと人間はだめになり健康はだめになる。神経でいうと、自律神経というものがないとだめになる。感覚神経だけではだめ。われわれの内臓はすべて自律神経で生きておる。自律神経の中でも、特に大事なのは迷走神経と抑制機能を司《つかさど》る神経系統で、これが臍《へそ》の中心から一センチほど下のところ、すなわち臍下丹田《せいかたんでん》というところに一番集まっておる。刺激があった時にぐっと抑制をするのがこの神経である。道徳とは感覚神経に対する自律神経の働きをするものであります。だから欲望に対しては、克己的な働きになる。道徳心を失ったら、人間は放縦《ほうしょう》になり、軽薄になってだめになります。

日本くらい平和、平和と言うて大事な問題を抹殺する風俗はほかにない。平和は誰でも口にするが、それをどう達成するか。こういう実際問題になると、これくらい難しいことはない。こういう穢国濁世《えこくじょくせ》、あるいは穢国悪世というような時代に、平和は空念仏《から》になりやすい。単なる概念、あるいは標語みたいなものになって、実際のものにならない。平和というものを実際のものにしようと思ったら、非常な抑制機能、すなわち非常な道徳的精神が必要である。ところが、平和ということ、どこことも争わず、是非・善悪をはっきりさせない。なるべく物事を曖昧《あいまい》にしておく。なるべく衝突を避ける。つまり道徳を忌避するところから、次第に人間が惰弱《だじゃく》になって、ちょうどホルモンのきれた人間、自律神経の衰えた人間と同じことになる。健康不振と同じことで、それがまた美しい言葉で偽装され、寛容とか忍耐とか妥協とか、あるいは公平とか中庸とか、いろいろの言葉に名を借りたむしろ危険な思想・行動になる。さらに、いろいろの欲望や打算がからまる。そして、日本が非常にはっきりしない、しかし何だか奇怪な、油断のならない国だという反感を外国人に与えています。

その一例が、日本の裁判にもよく表れている。近頃の裁判官は判事でも弁護士でも、なるべく是非・善悪を明らかにしない。判じない、決しない。判決といいながら、なにも判決しない裁判が多くなってきた。さらに進んで、罪とか悪とかを赦《ゆる》すことが、大変立派なこと、人道的なことのように考えられる。それに乗じて悪がはびこる。これでは日本の国家秩序が保てなくなります。

対外関係においてもそうである。例えば、中国が文化大革命と称することをやっておるが、あれをどう判決・批判すべきかということになると、毛沢東に遠慮するのか林彪《りんぴょう》に遠慮するのか、日本は何もはっきり言わんで、ニュースばかり情報ばかり集めている。そして、羅瑞卿《らずいけい》がやられた、劉少奇《りゅうしょうき》がやられたというときには、毛沢東に好意を表した。好意を持った通信情報を出す。そのうち劉・鄧《とう》侮るべからずということになると、そのほうにもお義理を立てたような報道をする。判決・批判をはっきりとやらない。

ソ連に対してもそうだ。沖縄のことでは反米的議論をするが、北方領土問題に関してはソ連に対してよう言わん。言うと結果が悪いということでは、悪や暴力の横行にまかせるということになる。ある人は、日ソもようやく友好・親善ムードになってきて、シベリア開発と日ソ協力関係の前途が有望になってきたときだから、ここで荒立ててはいかん、ただ寛容・忍耐だと言う。もっとひどいことを言う人は、アメリカとソ連とがようやく和解ムードになってきたときに、日本がヘタにソ連を刺戟《しげき》したりすると、米ソの平和の障害になると言う。何ということだろう。おまえ、頭がどうかしとりゃせんか、と言いたくなる。日本を目指して、ソ連や中国は虎視眈々《こしたんたん》として対日工作に血道をあげておる。それはいまの日本を手に入れるくらい彼らにとっては望ましいことはないからだ。日本を手に入れたものがアジアを支配する。これは少し魂のある者なら、誰でもわかることである。日本を手に入れるのに戦争をする必要はない。アメリカがやったような上陸作戦なんかする必要はない。日本に傀儡《かいらい》団体を作って、彼らの自由に操縦できる傀儡団体・傀儡勢力に日本の政権をとらせさえすればいい。日本を占領したのと同じことになる。だから対日工作は実に深刻なもので、スパイの天国という人もいる。日本にはそれを取り締まる法制さえありません。

日本人の言う、中立・中道・平和・民主、これはことごとく的を外しておる。ことごとく大事なところを取り違えておる。これを一つはっきりさせる思想・学問が必要であります。このままいくと、不養生の限りを尽しておる肉体と同じで、必ず混乱に陥る。不祥事が起こります。

これをいったいどうすればいいか。結局、正しい思想・正しい学問を興すことである。そして、それぞれがただ議論をしておるだけでなく、いわゆる一灯照隅行《ぎょう》で、一人ひとりがわが立つ一隅をそれぞれ照らしていく。そうすれば一灯が千灯、万灯になるので、それをやるよりほかに日本は救いようがない。まかり間違って、民族が血で血を洗うような内乱をやったら、その実害はどこまで尾を引くやらわからん。戦争はやむを得なかったが、内乱だけは起こしたくないと思って、われわれは微力を尽くしておるのであります。そのためにも、蕃山先生の学問の活学をしみじみと考えます。

九月に、近江の桐原で蕃山先生の行事があるが、蕃山先生を偲《しの》ぶだけではなく、一つ蕃山先生が世を救おうとしたように、われわれは日本の国を救わなきゃならんと思う。活学の一番の近道は、活人に学ぶことです。蕃山とか、あるいは幕末・維新で言うなら、東湖とか潜庵とか小楠とかいう人々が輩出しておるが、ああいう活人の学問をするのが一番活きた学問、活学であります。それは迂遠《うえん》なようであっても、一番直接・有力に現代に適用が効くのであります。

◈道徳とは何か

さて、それでは「道徳」とは何ぞや。

何事によらず、「本立《もと》って道生ず」（『論語』「学而篇」）という言葉がありますが、どうしても根本を定めるということが一番大事である。やっかいな問題、困難な問題、紛糾した問題ほど、初めの根本にかえって考えていく、実行することが大切であります。

道徳ということを根本にして考えていくときに、私が気になるのは、どうも道徳を一般的には、われわれの生活上の特殊な問題のように考える癖がついていることである。特殊なこと、不自然なこと、無理なこと、強制しなければできないことのような、そういう先入観念があるのではないか。ここにまず、先生たる者、教師たる者、教育者たる者は、まず直さなければならないことだと思います。

人間が禽獣的・動物的段階からだんだん発達してくるにつれて、何が善であるか、美であるか、あるいは神聖であるか、真実であるかといった価値観・理想が考えられるようになってきた。動物と違うようになってきた。そこに自然自然に生まれてきたものが道徳であり、これは一般観念と違って、最も自然なものなのであります。道徳とは特殊なもの、不自然なもの、なにか作為的なもの、強制的なものと考えることは、これは根本的な間違いで、逆に道徳というものが人間にとって一番自然なものであり、一番真実なものであり、誠のものであるということを、はっきり弁《わきま》えなければならない。これをなくしたら、もとの禽獣にはね返ってしまいます。

はやい話が、「飲食する」ということが実はもう道徳である。いかに飲食するかという礼儀作法が、人間の肉体の道徳なのである。茶道の会席とか、小笠原流とかばかり見て、窮屈なことのように思う人がいるが、そうでない。飲食ということが、人間の肉体の道徳であって、後世になっていろいろ人が分類し、考えたり論じたりするようになってから、言わなくなったけれど、本当は飲食することがすなわち一つの道徳なのであります。

だから、参禅をして、仏教とは何ぞやと考えておる雲水《うんすい》に、趙州《じょうしゅう》和尚（七七八〜八九七）は、

「おまえメシを食ったか」

と聞いた。

「いただきました」

「茶碗を洗ったか」

「洗いました」

「よろしい、下がりなさい」

と言うておる。そこで雲水はまた、

「道とはなんぞや」

ということを尋ねたのに対して、趙州和尚は、

「牆外底《しょうがいてい》！」

つまり、垣の外にあるところのもの、道はそこにあると言った。雲水は怒って、

「そんな道を尋ねているのではありません。仏教の大道を尋ねておるのです」

「大道は長安に通ず」

と答えている有名な公案がある（『無門関』）。大道ならあの長安に通じる道があると答えたのであります。雲水は道を概念的・論理的に考えておる。しかし、趙州和尚は、道というものは実践だ、信仰や宗教は日々の実践なんだと言う。つまり仏教も道徳なんであります。宗教と道徳を区別したのは人間のとんでもない間違いで、広い意味において、すべては道徳であり、すべては人間いかに生くべきかということなのであって、これを間違えたら人間は破滅してしまいます。

礼儀作法もやはり同じことで、例えば正坐《せいざ》や坐禅などの修養は辛《つら》いものだと皆考えておるが、そうではない。道元禅師は、「坐禅は則《すなわ》ちこれ安楽の法門なり」と言うておる。ときどき腰を据えて、脊梁骨《せきりょうこつ》を真っ直ぐに立てて、結跏《けっか》なり正坐なりをやってみると、これが人間にとって一番正しい自然な姿だということがわかる。肩《かた》肘《ひじ》を張ったり体をくねらせたりする、腰を曲げたりする姿勢がよくないし、疲れる。いろいろの生理的・心理的障害で、絶えず人間は毒素を出す。毒素の多い人間

ほど、足が痺《しび》れるぐらいの正坐を一日のうちに何回かやると、身心ともに健康になります。

躾《しつけ》という字はまことにうまくできている。身体を美しくする、体をきれいにする、人間の在り方・生き方・動き方を美しくするという、これは躾だ。美しくするということは、つまり良くするということである。食事でも作法というものは、自然なもので、非常に美しい。箸《はし》やお椀《わん》の蓋《ふた》の取り方でも、作法通りすれば実に合理的である。つまり、道徳とか躾というものは、人間の生活、人間の在り様、人間の動き方というものをいかに自然にするか、いかに真実にするかということである。人間が獣でなくて人間らしく生きる道が道徳で、それは極めて自然であって、理屈でも手段でもなんでもない。真実、自然のことなのであります。

そこで今度は道徳教育、生徒に対する道徳実習ということになってくると、どうしても指導者・師たるものが、言論や方法・行動よりも何よりも、自然にお手本・垂範になるということである。だから教育の「教」という字は、効能書きの効（ならう）という字で、上がお手本になるという意味なのである。父母というものは、やはり子供のお手本になる。子供は理屈はわからないけれども、化せられる。お手本を見てそれを習う。模倣の前に、感化という働きがあり、これは自然のエネルギーの作用と同じことである。子供は何も機械的に模倣するのではない。習うわけである。そこに、家庭における父母の道徳実習のデリカシーという微妙な点がある。子供を躾けるということは、子供を叱《しか》ったり強制したりすることではなく、父母の在り方が、自然にお手本になるということであります。

大石内蔵助《くらのすけ》を中国版にしたような人で、晋《しん》の時代に謝安《しゃあん》という名宰相がおった。非常に偉い人で、奥さんも賢夫人であったが、ある日その奥さんが、

「あなたはちっとも子供を教えてくださらない」

と言う。すると謝安は、

「いや、わしは年中教えているつもりだがな」

と答えたという有名な逸話がある（『世説新語』「徳行」）。

そのように、本当の家庭教育というのは、親そのものの普段の態度・姿勢次第なのであります。小さい子はいつの間にかテレビでいろんなことを知っておる。ある晩一人の若い父親が酔っぱらってフラフラ家へ帰ってきたら、子供が玄関へ飛び出してきた。まだ口もろくにまわらん男の子が時代劇ドラマを見ておったのであろう、若い親父が帰った途端に普段は「パパ」と言ってたのが突然ちゃんと座って「父上」とうやうやしくお辞儀したという話があった。

私は非常におもしろい話だと思った。親子が転倒してしまっておる。親父が幼児に教えられた。ここに教育の微妙な法則がある。道徳自体は実に自然なものである。一番美しい自然である。だから、ドイツ語でもフォアルビルト（Vorbild ＝垂範）という。この垂範・お手本になるには、手練手管、つまり機械的・功利的な手段や理屈とかいうものは最もいけない。本質的な情緒というものが必要である。パスカルは、頭の論理に対して「感情は心の論理である」と言うておる。人間が最もそのままの働きを感情というので、日本の代表的な哲学者である西田幾多郎（一八七〇～一九四五）も情のことを「自我そのものの状態の意識である」と説明をしておる。道徳は、この感情・情緒・情操に訴えるのが一番有効である。そういう意味で、文芸や音楽というものをできるだけ活用することが大切であります。

私はその上において、昔の武士道は偉いものだといつも感心する。ことに武士道が日本の女性を仕立てあげた。武士道における女性の人間形成なんてのは、いまのジャーナリズムには通用しないが、それは偉いものです。日本の女性の理想像とはいかにあるべきかということを考えて、道徳学習を徹底的に女性にほどこした。そうして坐作《ざさ》進退、礼儀作法というものを徹底的に躾けておいて、今度は、音楽や文芸というものを通して、徹底して恋愛教育をやった。躾を通じて美的教育をやる。

ここに日本の女性の礼儀作法というものがある。西洋人に言わせるとこれぐらい美的なものはありません。

だから心ある歴史学者や社会学者は、徳川時代に武士道における婦人教育がなかったら、幕府は三百年ももたなかっただろうと指摘している。太平洋戦争でも、女性のほうがしっかりして、弾力的・犠牲的だった。そこに日本女性の偉いところがあった。易哲学でいうと、陰が体（本体）で陽が用（働き）だ。だから男は子が産めない。最も造化・自然であるところの生産というものは、女性の仕事で、男はいかな英雄・豪傑でも子を産むことはできない。女性に任せなければどうにもならない。それだけ女性は包容力・忍耐力を持っておる。

そういうふうに、道徳というものは自然である。自然であるから、原則として教師たる者は自ら範を示すことである。その上に有効なる手段は、人間をそのまま反映するところの情緒というものを主として、これに理性とか知性というものを結びつけて、できるだけ文芸とか音楽とか、つまり礼楽を興すことである。これが道徳学習を進めていく大事な根本原則であります。

この作品は、一九九八年一月にＭＯＫＵ出版より刊行されたものです。

なお、編集に際しては、旧字・俗字や文意の汲みにくい箇所を若干修正するに留め、国名、政党名など、現在では変化しているものもありますが、講話当時の時代背景に鑑み、ほとんどそのまま表記しています。

著者紹介
安岡正篤（やすおか　まさひろ）
明治31年、大阪府に生まれる。東京大学法学部卒業。「東洋思想研究所」「金雞学院」「国維会」「日本農士学校」「篤農協会」等を設立。また、戦後は「全国師友協会」「新日本協議会」等をつくり、政財界の精神的支柱として多くの敬仰者を持った。全国師友協会会長、松下政経塾相談役を歴任。昭和58年12月逝去。
著書に、『朝の論語』（明徳出版社）、『運命を開く』（プレジデント社）、『人物を修める』（竹井出版）、『活眼活学』『活学としての東洋思想』『人生と陽明学』『論語に学ぶ』『日本の伝統精神』『人間としての成長』『人生をひらく活学』『十八史略（上・下）』『孟子』『人生の五計』『酔古堂剣掃』（以上、ＰＨＰ文庫）など多数ある。

現代活学講話選集6
ＰＨＰ文庫　先哲が説く指導者の条件
『水雲問答』『熊沢蕃山語録』に学ぶ

2005年10月19日　第1版第1刷
2020年2月18日　第1版第4刷

著　者　　安　岡　正　篤
発行者　　後　藤　淳　一
発行所　　株式会社ＰＨＰ研究所
東京本部　〒135-8137 江東区豊洲5-6-52
PHP文庫出版部　☎03-3520-9617(編集)
普及部　☎03-3520-9630(販売)
京都本部　〒601-8411 京都市南区西九条北ノ内町11
PHP INTERFACE　https://www.php.co.jp/
制作協力
組　版　　株式会社PHPエディターズ・グループ
印刷所
製本所　　図書印刷株式会社

ISBN4-569-66460-1